PARIS CROQUE-MORT

5222. — ABBEVILLE, TYP. ET STÉR. A. RETAUX. — 1888

QUAND ON EST MORT, C'EST POUR LONGTEMPS.

Charles Virmaître & Henry Buguet

PARIS CROQUE-MORT

ILLUSTRÉ PAR CHOUBRAC

PARIS

CAMILLE DALOU, ÉDITEUR

17, QUAI VOLTAIRE, 17

1889

AVE, DEA, MORITURUS TE SALUTAT

———

La mort et la beauté sont deux choses profondes
Qui contiennent tant d'ombre et d'azur qu'on dirait
Deux sœurs également terribles et fécondes,
Ayant la même énigme et le même secret.

O femme, voix, regards, cheveux noirs, tresses blondes
Vivez, je meurs, ayez l'éclat, l'amour, l'attrait,
O perles que la mer mêle à ses grandes ondes,
O lumineux oiseaux de la sombre forêt !

Judith, nos deux destins sont plus près l'un de l'autre
Qu'on ne croirait ; à voir mon visage et le vôtre ;
Tout le divin abîme apparaît dans vos yeux.

Et moi, je sens le gouffre étoilé de mon âme ;
Nous sommes tous les deux voisins du Ciel, madame,
Puisque vous êtes belle et puisque je suis vieux.

Victor HUGO.

PARIS CROQUE-MORT

I

Le culte des morts. — La gravure du vigneron. — La fosse
commune. — Tribulations des morts. — Payer, encore
payer. — Une exhumation. — Jamais tranquille. — La
mort chez les Bretons.— En Amérique.— Aux îles Baléares.
— Chez les Ibériens. — Au Groënland. — Coutumes
bizarres. — C'était écrit. — Une pensée de Théophile
Gautier.

A Paris, l'idée de la mort n'impressionne personne, chacun sait qu'il faut tôt ou tard faire le
grand voyage pour lequel on a toujours un billet
d'aller mais jamais un billet de retour.

Malgré cette indifférence plus apparente que
réelle, Paris n'est pas une ville sceptique, le culte
des morts s'y est perpétué d'âge en âge, la preuve :
sous l'Empire on voulut créer une immense nécropole à Méry-sur-Oise; tous les Parisiens indignés
protestèrent parce que, suivant l'usage ancien, ils
ne pourraient plus accompagner à pied leurs chers

morts aux champs de repos, car on les eût conduits en chemin de fer.

Ce culte des morts peut paraître étrange à notre
époque où on démolit tout, pourtant comme il est
légitime!

Qui de nous n'a assisté aux derniers moments
d'un être cher, et n'a eu l'œil fixé sur l'horloge
attendant avec un serrement de cœur, le moment
où elle marquerait l'heure inexorable, où il faudrait se séparer pour jamais.

Il semble aux Parisiens que ce moment terrible
est retardé, quand le corbillard marche lentement.

Le culte des morts se traduit de toutes les
manières.

En dehors de la gravure célèbre de Vigneron,
qui représente le caniche fidèle suivant, tristement, tête baissée, le corbillard du pauvre, nous
avons vu souvent des enfants interrompre leurs
jeux, se découvrir devant le corbillard des pauvres
accompagné de ses quatre croque-morts et le
suivre instinctivement.

Ce culte si vivace, s'affirme davantage entre
huit et neuf heures du matin, et trois heures et
cinq heures du soir, aux portes des amphithéâtres
des hôpitaux.

Il n'est pas rare d'y voir des ouvriers qui ont
pris leurs derniers sous pour acheter une couronne
au camarade qui s'en va, ils perdent leur journée
pour l'accompagner aux lointains champs de repos:

Bagneux, Pantin, Ivry (Champ de navets), Saint-Ouen (Cayenne), car le pauvre est poursuivi par la misère jusque dans la tombe, les cimetières ont leur aristocratie.

C'est surtout dans les quartiers ouvriers que le culte de la mort se révèle dans toute son intensité ; quand l'un d'eux meurt, toutes les femmes s'empressent à l'envi, les unes vont chercher de l'eau bénite, elles font la toilette du mort, elles le veillent, et plus d'une a souvent pris l'unique drap de son lit pour l'ensevelir décemment.

Donc que notre titre : *Paris-Croque-Mort* n'effraye personne, nous n'avons pas l'intention de nous transformer en vampire, de faire venir la chair de poule aux lecteurs en lui racontant des histoires macabres, nous voulons seulement le familiariser avec cette idée : que mourir n'est rien et que vivre est tout.

D'ailleurs, l'idée de la mort n'épouvante que les timorés et les sots et aussi les gens sans conscience qui redoutent l'inconnu ; mais pour ceux qui ont marché droit dans la vie, qui ont accompli leur devoir d'homme et de citoyen, la mort n'est qu'un repos, au moins pour cinq années, quand on n'a pas les moyens d'avoir un tombeau de famille.

Dona ëi requiem chante le prêtre au cours des offices funèbres, et il ajoute, en jetant l'eau bénite sur le cercueil : *Requiescat in pace.*

Eh bien ! c'est une erreur !

Pour éviter la fosse commune, que le Parisien a en horreur, on acquiert un terrain temporaire ; grâce à cette concession, on peut supposer que le mort restera tranquille dans son trou en renouvelant la consommation... pardon, la concession, c'est le cas de dire comme Papillon : Il n'y a rien de fait !

Le mort croyait avoir résolu ce problème : être à la fois propriétaire et locataire ; il croyait qu'il serait inviolable tout comme nos députés, il n'avait pas prévu qu'il pourrait être exproprié par autorité de justice.

Ceci a l'air d'une plaisanterie, rien, malheureusement n'est plus vrai !

La famille dit au conservateur du cimetière :

— Voici la somme nécessaire pour que mon défunt reste en place.

Le conservateur vous répond :

— Non ! son terrain est destiné à une *reprise*, il faudra transporter le corps ailleurs.

Alors recommence la douloureuse série des démarches plus tristes que celles de l'inhumation première, parce qu'elles ravivent la douleur.

Il faut racheter un nouveau terrain, ensuite adresser au préfet de police une demande pour être autorisé à l'exhumation, cette exhumation que le règlement vous oblige à faire, qui serait faite d'office si vous abandonniez votre mort, car il faut déblayer le terrain, il y a des locataires qui attendent ; cette demande doit être faite sur papier timbré, avec justification de vos droits et légalisation de la signature par le maire ou le commissaire de police, et, cela va sans dire payer, payer encore, payer toujours.

Enfin la demande après avoir séjourné dans les bureaux et passé par tous les ronds de cuirs administratifs vous revient approuvée ; mais le jour n'est pas fixé, enfin on vous avise que c'est à huit heures du matin, quelquefois à l'ouverture du cimetière que la chose doit se faire; en hiver, à huit heures, c'est à peine s'il fait jour ; Grison qui a assisté à une de ces tristes cérémonies la raconte ainsi.

« . . . . Il faut vous mettre en route par la nuit noire avec des pensées plus noires encore dans le cerveau.

« Vous attendez, en plein air, à l'entrée du cimetière, glacé de la tête aux pieds et n'osant même pas vous absenter une minute pour aller battre la semelle au dehors, de peur de perdre votre tour.

« De temps en temps, un garde arrive suivi de trois au quatre ouvriers, la pioche sur l'épaule, il appelle un numéro et repart.

« C'est à vous. Vous voulez vous mettre en route, mais on vous arrête !

« — Bière en sapin, ou en chêne ? vous demande le garde.

« Vous hésitez; vous n'étiez point préparé a cette question faite ainsi brusquement.

« — Le sapin, c'est cinq francs ; le chêne, vingt ;
à votre convenance.

« Misère ! il y a des pauvres gens qui se con-
sultent. Ils n'avaient pas prévu cela. Ils sont obligés de se cotiser pour ajouter encore à la somme
de dépenses qu'ils s'imposent les cinq francs
nécessaires à la boîte en voliges, minces comme
du carton, qui va servir au transport.

« Horrible encore cette exhumation ! la bière
primitive a été brisée. Un des hommes descendu
au fond de la fosse sort les os un à un et les passe
à son camarade qui les range tranquillement dans
le nouveau cercueil. Ils y mettent tout le soin possible, les braves gens, mais c'est égal, par le
brouillard, le froid, le silence au milieu de toutes
ces fosses béantes, ce déménagement du mort,
morceaux par morceaux, est une chose épouvantable.

« Et il faut encore après cela faire une marche
à travers tout le cimetière, pour aller déposer le
défunt dans la nouvelle demeure qu'il a plu à l'administration de lui accorder.

« Et dire que dans cinq ans peut-être — probablement même — ce sera encore la même chose !

« On se demande, sans trop bien trouver la solu-
tion, quelle est la raison de ces changements de
sépultures, puisque, en échange de la concession
qu'on vous reprend, on vous en donne une de
même grandeur dans une autre partie du cimetière. Ce n'est donc point une économie de terrain.

« Si c'est une affaire d'argent, il serait bien plus simple de faire payer le montant maximum, de « l'opération » et de laisser le mort là où il était. Bien des familles l'ont demandé, elles ont toujours essuyé un refus.

« L'administration vous répond ceci :

« — Si, lorsqu'une division du cimetière doit être déblayée, nous autorisons un certain nombre de personnes à renouveler sur place, comme il y en a d'autres qui ne le feraient pas et pour lesquelles on serait forcé de faire l'enlèvement d'office, nous nous trouverions avoir des tombes espacées de distances en distances et les inhumations nouvelles dans ces portions de terrains deviendraient fort difficiles. En déblayant complètement au contraire, tout une division, nous avons un terrain neuf, dont « l'exploitation » ne présente aucun inconvénient.

« Terrible cet aveu ! C'est donc pour une simple question de comptabilité qu'on trimballe ainsi les morts de droite à gauche et de gauche à droite. Et il y en a chaque année des milliers !...

« Quand je vous le disais, que le *Requiescat in pace* n'était qu'une vaine parole.

« J'ai assisté à une scène douloureuse entre toutes, une pauvre vieille femme — soixante-cinq ans — allant en journée pour vivre, avait perdu son fils, son fils unique. Elle lui avait acheté une concession. Pendant ces cinq années, qui viennent de s'écouler, elle avait, sou par sou, au prix de privations inouies, amassé les cinquante francs pour renouveler le terrain. Cela n'a l'air de rien, cinquante francs en cinq ans, mais quand on gagne vingt sous par jour, c'est une somme énorme...

« Elle arrivait le cœur joyeux, apporter cet argent. Et voilà qu'à elle aussi on a fait la même réponse.

« — Vous ne pouvez pas renouveler, il vous faut acheter ailleurs, exhumer, payer des frais nouveaux...

« Payer !... Avec quoi ?

« — Alors, les ossements de mon garçon vont être mis à la fosse commune ! Je ne pourrai plus chaque dimanche lui parler comme je faisais, en attendant le jour où j'irai le rejoindre... »

Ça c'est bien au point de vue administratif (pas pour le mort), mais ce n'est pas tout, il y a encore la question de voirie, d'utilité publique, ainsi sur l'antique cimetière de Montmartre, entouré partout de maisons et de vivants qui le dominent, on a construit un viaduc qui passera tranquillement sur une partie du cimetière et a fait disparaître une infinité de tombes qui ont été replantées ça et là dans le même cimetière.

Donc, jamais tranquille !

Conservateur par-ci, architectes et ingénieurs par-là et souvent oubli partout ! ! !

Et ceux qui se croient éternels parce qu'ils ont une concession qui s'intitule pompeusement *per-*

pétuelle, ne sont pas plus à l'abri de l'expulsion que les autres, seulement ils ont 99 ans (pas un jour de plus) pour moisir !...

Le culte des morts a été de tous temps la première des religions de l'homme, ce culte présente de singulières différences, suivant les coutumes des peuples, leurs idées religieuses et leur degré de civilisation.

Les *Bretons*, gens très économes et très pratiques, mangeaient leurs morts ; les habitants du Pont, les Massagétes, les Derbyces, n'attendaient pas que leurs parents fussent morts, ils les égorgeaient et les mangeaient en famille.

En Amérique, on faisait rôtir les morts, on les découpait, on les pilait, on en faisait une bouillie qu'on délayait dans du vin (fin, osons nous croire) on la distribuait aux assistants, qui l'avalaient religieusement, l'histoire ne dit pas s'ils trinquaient à la santé du mort.

Dans les îles Baléares, les indigènes coupaient les corps en morceaux, les renfermaient dans une cruche qu'ils enterraient, ils les salaient sans doute probablement !

Les Parthes, les Mèdes, les Bascéens, les Taxiles, les Ibériens, avaient trouvé un moyen, d'éviter une une pension alimentaire au beau-père et à la belle-mère, ils attachaient à des branches d'arbres, leurs parents morts ou arrivés à une vieillesse décrépite et les laissaient exposés sans secours.

Les habitants du Groënland exposaient leurs

morts à l'air et les faisaient geler, comme s'ils n'étaient pas assez glacés !

Ils les enfermaient ensuite dans de grands paniers qu'ils suspendaient aux arbres, pour les soustraire à la voracité des bêtes sauvages.

Les habitants de quelques contrées de l'Asie, ceux du Thibet par exemple, les découpaient en morceaux et les donnaient à manger à leurs chiens.

Plus pratiques, les tributs de l'Hindoustan, tuent et mangent leurs parents lorsqu'ils sont vieux et infirmes ou atteints de maladies graves et incurables. C'est une véritable noce, les membres de la famille s'invitent réciproquement à ces horribles festins.

Toutes ces coutumes qui paraissent les unes bizarres, les autres sanguinaires prouvent que l'homme admettait l'existence de deux principes : l'un matériel, périssable, l'autre immatériel, indestructible! l'âme ! la mort pour eux étant une délivrance et non un malheur ; ceci, est de nature à faire cesser notre étonnement de voir ces peuplades manger leurs parents, livrer leurs morts aux bêtes sauvages et aux poissons dont ils se nourrissent ; les peuplades primitives croyaient à une perpétuelle transmigration de l'âme dans les diverses formes de la nature animée.

Peu leur importait que le principe matériel fut détruit d'une façon ou d'une autre, l'être a sa destinée ; c'est exactement ce que disent les Parisiens

de nos jours, gouailleurs et fatalistes : C'était
écrit !

Théophile Gautier a inscrit cette pensée sur
le portail de l'église d'Urrugne :

Vulnerant omnes, ultima necat.

II

Sous la Révolution, de 1790 à 1793, une mort
naturelle était une anomalie, ceux qui s'obsti-
naient à mourir dans leur lit étaient regardés
comme des gens qui ne comprenaient pas leur
époque.

Les honneurs funèbres n'étaient ni coûteux ni
somptueux.

Un parent, un ami, se présentait à la section :

— Le citoyen un tel vient de mourir, sans un
laisser passer du tribunal révolutionnaire ; je viens
demander un permis d'inhumation.

L'employé l'accordait immédiatement.

Une ou deux heures après, on clouait le mort dans une bière qu'on recouvrait d'une serge à bande tricolore, on l'exposait quinze ou vingt minutes à sa porte, quelquefois pas du tout, ce qui était plus simple.

Le premier menuisier venu avait le droit de vous prendre mesure ; quand l'habit n'allait pas, il était rare que le mort protestât.

On enlevait le mort, sans signes extérieurs de deuil. — C'était défendu !

Deux cimetières desservaient alors la population parisienne, le premier nommé : *Mousseaux*, avait sur sa porte d'entrée : *Champ de repos*, et au-dessous : *dormir !* la dernière parole de Mirabeau.

Le second était *Clamart*, on y allait par la rue Saint-Victor.

La rue Saint-Victor était longue et rude à gravir, les marchands de vins roublards, pensant que les croque-morts auraient besoin de faire des stations, avaient disposés des tréteaux devant leurs boutiques, il n'était pas rare que les promeneurs qui allaient au Jardin des Plantes, rencontrassent une vingtaine de cercueils attendant tranquillement que les croque-morts aient bu leurs chopines.

Voici à ce sujet une anecdote racontée par un auteur du temps :

Dossion, le maître de danse, dont le fils était bien connu comme Arlequin au Vaudeville, mourut subitement, il habitait rue Serpente ; le convoi se mit en route, Dossion suivait religieusement, mais il y avait loin de la rue Serpente à la rue des Fossés-Saint-Bernard. Dossion et les croque-morts s'arrêtèrent à la porte d'un marchand de vins, établirent le mort sur les tréteaux et entrèrent pour se reposer et se rafraîchir.

Ils burent chopines sur chopines, deux heures plus tard, complètement gris, ils sortirent tant bien que mal et se mirent en route, en chemin, nouvelles stations, nouvelles chopines ; arrivés auprès du cimetière, l'un des croque-morts se mit à dire :

— Mais il me semble que nous avons oublié quelque chose ?

— Quoi donc ?

— Le père de monsieur !

— C'est vrai, pourvu qu'on ne nous l'ait pas volé.

— Que veux-tu qu'on en fasse ?

Tous s'en retournèrent à la recherche du mort, mais quand ils arrivèrent chez le marchand de vins, le mort avait disparu, il avait été mis en fourrière !

Au seizième siècle, les soixante-dix églises ou chapelles dont le nom figure dans les *Moustiers de Paris*, bien que possédant chacune un cimetière particulier et des cryptes intérieures, ne pouvaient suffire à l'inhumation des morts.

Plus tard, c'est-à-dire un demi-siècle avant le premier transport des ossements aux catacombes qui eut lieu en 1785, la ville comptait :

Quatre abbayes d'hommes, quarante-deux couvents de femmes, douze séminaires, huit abbayes
de filles, quarante-quatre couvents de filles, quinze
communautés et environ cinquante paroisses, dix
églises paroissiales, quatre-vingts chapelles, vingt
chapitres qui, tous ou presque tous recevaient des
corps morts. Indépendamment de tant de lieux de
sépultures, quinze cimetières étaient ouverts au
public :

Le cimetière *Saint-André-des-Arts*, dépendait de
l'église de ce nom, élevée vers 1212, sur l'emplacement d'un oratoire dédié à saint Andéol ou
Andiol, disaient les uns, d'autres affirment qu'il fut
ouvert, en 1356, sur l'emplacement du couvent des
Sachettes, religieuses ainsi appelées parce que leur
vêtement avaient la forme d'un sac.

Ce cimetière fut fermé en 1790, les ossements
qu'il contenait furent exhumés et transportés aux
catacombes, le 27 janvier, de la même année.

Le cimetière *Saint-Benoît*, était divisé en deux
parties : l'une se trouvait au Fromentel, et l'autre
tenait à l'église. Au commencement du dix-sep-
tième siècle, il fut transféré derrière le collège
royal et fermé en 1812, les ossements furent transportés aux catacombes sous l'inscription : janvier
1813 ; Saint-Victor, auteur du *Tableau historique de
Paris*, nous parle, à propos du cimetière *Saint-
Benoît*, d'un vaste cimetière qui occupait alors la
place de Cambrai, il était connu sous le nom de

cimetière de *Cambrai,* des *Acacias* ou du *Corps de garde.*

Ces noms rappelaient un souvenir, le premier, l'hôtel de l'évêque de Cambrai transformé depuis en collège ; le second, un immense acacia qui avait ombragé le jardin de cette habitation, et le troisième un joyeux corps de garde.

Lorsque ce cimetière fut supprimé comme nous le disons plus haut, les terrains furent vendus et un autre cimetière fut ouvert lequel s'appela définitivement : *Saint-Benoît.*

En 1832, le petit théâtre du Panthéon fut élevé sur son emplacement, ce théâtre disparut à son tour pour le percement d'une rue.

Le cimetière de *la Charité* était situé rue des Saints-Pères, à peu près à l'angle du boulevard Saint-Germain, il était particulièrement affecté aux morts de l'hôpital qui était en face, et aux frères de Saint-Jean-de-Dieu qui le desservaient.

Cependant la chapelle et le cloître (on appelait ainsi le terrain appartenant aux Églises, aux Hôpitaux, aux Couvents), reçurent quelques hommes célèbres.

Le cimetière des *Innocents* était connu sous le nom de *Champeaux.* Il était situé à l'endroit où se trouve le square de la fontaine des Innocents, due à Jean Goujon. Ce cimetière était clos de murs, autour, se trouvaient les charniers, galeries immenses, tombes squalides, sentant la pourriture à plein nez ; là, étaient réunis les ossements recueillis dans les autres cimetières. Ces charniers infects devenus trop étroits disparurent pour faire place aux Halles.

Le cimetière *de la Pitié* fut fondé par Louis XIII pour les mendiants et les capucins. Dans ce cimetière on enterrait les enfants qu'on élevait et qu'on nourrissait dans la maison de secours qui y attenait.

Le cimetière *Saint-Etienne-du-Mont* était l'un des plus anciens de Paris, car ce fut sur les coteaux de Sainte-Geneviève que les premiers habitants de *Parisiis* ensevelirent leurs morts.

En 1221, Saint-Etienne-du-Mont était devenue une paroisse distincte de celle de Sainte-Geneviève, le cimetière lui fut acquis. Il y a peu de temps en faisant des fouilles on mit à jour des sarcophages qui prouvèrent que plusieurs générations de morts avaient été superposés.

Le cimetière *de la Trinité* est confondu dans beaucoup d'auteurs avec le cimetière Saint-Sauveur qui était placé dans la rue Saint-Spire, tandis que l'autre était situé à l'entrée des rues Saint-Denis et Greneta, emplacement sur lequel en 1202 fut fondé l'hopital de la Trinité.

Lorsqu'on perça le boulevard Sébastopol les terrassiers découvrirent une immense quantité d'ossements.

Les religieux qui occupèrent l'hopital de la Trinité jusqu'au seizième siècle avaient converti l'une de leurs salles en théâtre. Il est bon de faire remar-

quer que ce fut la première salle de spectacle que
posséda Paris et dans laquelle les confrères de la
Passion donnèrent des représentations.

Le cimetière Saint-Nicolas-des-Champs était situé
au coin de la rue Chapon et près du monastère Saint-
Martin s'élevait un enclos qui portait le nom de
cours Saint-Martin, on y ensevelissait les morts de
la paroisse. Ce cimetière était banal, sans clôture,
on y enterrait à tout moment, et souvent de
grands tumultes résultaient de ces enterrements
fréquents.

Les religieux du monastère Saint-Martin prièrent
les prêtres de Saint-Nicolas de demander à l'art
chevêque de Paris, Guillaume de Seigneulaie, la
translation du cimetière; elle eut lieu en 1220 dans
un terrain que les moines abandonnèrent; le cimetière était assurément placé à l'endroit où fut
construit, dans les premières années de l'Empire,
le marché Saint-Martin, lequel disparut lui-même
il y a quelques années pour faire place à l'école
Centrale.

Il y aurait une foule de choses à dire sur les
transformations successives de ce terrain.

Deux des plus curieuses à rappeler furent celles-
ci : en 1848 le premier arbre de la liberté fut planté
au carré Saint-Martin, et, en 1849, le premier ouvrier
qui l'avait planté fut tué en y arborant le drapeau
rouge ; et le 13 juin 1849 c'est au conservatoire des
Arts et Métiers que Ledru-Rollin, dit Vasistas Ier,
Félix Pyat, le lapin qui bat du tambour, tentèrent

de sauver la France en voulant fonder une République meilleure que celle qui existait parce qu'elle n'était pas la leur.

Le cimetière Saint-Nicolas-du-Chardonnet était situé rue des Bernardins et voisin de celui de Saint-Étienne-du-Mont, on n'en trouve trace nulle part, mais son origine est certainement des plus anciennes.

Le cimetière Saint-Roch était divisé en deux. L'un se trouvait derrière l'église de ce nom ; on construisit deux chapelles sur une grande partie de son terrain. Vers le milieu du dix-huitième siècle, l'accroissement de la population devenant considérable, on fut forcé de créer le second sur un terrain qui séparait la porte Gaillon de la barrière des Porcherons.

On voit que ce cimetière avait une grande importance, car les Porcherons étaient situés rue Saint-Lazare — ce que nous appelons aujourd'hui la Chaussée-d'Antin.

Le cimetière de la Ville-l'Évesque s'est appelé aussi de la Madeleine, il occupait l'emplacement de quelques-unes des maisons de la rue d'Anjou-Saint-Honoré. Dans ce cimetière furent ensevelis les victimes de la nuit du 31 mai 1770. On se rappelle cette horrible catastrophe qui eut lieu pendant la célébration des fêtes à l'occasion du mariage de Marie-Antoinette et de Louis XVI. Dans ce cimetière furent inhumés également les victimes du 10 août 1792.

Le 21 janvier 1793, le corps de Louis XVI, après son exécution et par ordre de la Convention fut jeté dans une fosse sur un lit de chaux.

Le 16 octobre de la même année, Marie-Antoinette y vint retrouver Louis XVI.

Une chapelle expiatoire indique aujourd'hui la place qu'occupaient Louis XVI et Marie-Antoinette, mais point, comme beaucoup le croient, l'emplacement du cimetière.

> Tous ces morts ont vécu, toi qui vis tu mourras.
> L'instant fatal approche et tu n'y penses pas.

Ces deux vers dus à l'imagination du fameux imprimeur Vitré, marguillier de Saint-Séverin, ornaient la porte du cimetière de ce nom.

Son origine est tellement ancienne qu'elle donna lieu, à des époques différentes, à des discussions entre les chroniqueurs qui ont la prétention d'écrire l'histoire de Paris; néanmoins tous sont d'accord pour reconnaître à ce cimetière une célébrité indiscutable.

C'est dans ce lieu de sépulture que les chirurgiens et barbiers de Paris, en 1474, sous Louis XI, obtinrent de faire publiquement, sur un archer condamné à la potence pour vol, la première opération de la pierre, maladie qui désolait, disent les chroniqueurs — « plusieurs personnes de condition » — après qu'on eut examiné et travaillé, ajoutent ces chroniqueurs on remit les entrailles dans le corps dudit franc archer, qui fut recousu et par l'ordonnance du roi, très bien pansé, et tellement qu'en quinze jours il fut guéri et eut rémission de ses crimes sans dépens et il lui fut donné de l'argent.

Hurtaut, dans son *Dictionnaire de Paris*, rapporte qu'on remarquait un tombeau fermé par une grille de fer couvert, et sur lequel était une statue d'homme couché, ayant la tête appuyée sur une de ses mains et le coude sur des livres.

Ce monument avait été érigé pour perpétuer la mémoire d'un seigneur étranger (Ennon de Enda) qui, à l'exemple de plusieurs autres, était venu exprès à Paris pour faire ses études à l'Université.

Quand les familles des malades décédés à l'Hôtel-Dieu, se trouvaient dans l'impossibilité pécuniaire de les faire transporter et enterrer au cimetière des Innocents, ils étaient inhumés au cimetière de l'Hôtel-Dieu qui s'appelait également de Clamart.

Ce nom avait été donné à ce cimetière, parce que dans le faubourg Saint-Victor se trouvait une croix qui portait le nom de Clamart, et que, autour de cette croix on y avait établi un immense cimetière.

Une des rues qui le longeaient s'appelait en 1713 la *rue des Morts*. C'est cette voie dont nous parlons au début de ce livre qui était agrémentée de marchands de vins chez lesquels on oubliait les morts pour le litre.

2.

Sur l'emplacement de ce cimetière ont été élevées des salles de dissection, et, malgré le temps qui s'est écoulé depuis sa suppression, il existe encore un dicton jeté comme une injure à la face d'un ennemi : — Eh ! vas donc à Clamart !

Le cimetière Saint-Eustache était primitivement rue du Bouloi, probablement sur l'emplacement occupé par la cour des fermes. Le chancelier Seguier dont l'hôtel était voisin, ennuyé de ce voisinage funèbre, traita très tranquillement comme s'il se fut agi d'un fonds de commerce avec les marguilliers de Saint-Eustache et se fît céder l'emplacement du cimetière ; il leur donna une somme d'argent et un terrain rue Montmartre. Pour que cette vente fut légale il fallait qu'elle fût ratifiée par l'archevêque de Paris. Cette ratification demanda quinze ans, car la convention ne reçut son exécution qu'en 1540 ; alors une chapelle fut élevée rue Montmartre, dédiée à saint Joseph, et le cimetière Saint-Eustache fut transféré autour.

Le cimetière primitif de Saint-Eustache était affecté spécialement aux dames de la Halle, à ce sujet les frères Lazare nous rapportent cette anecdote peu connue :

— Les paroissiens de Saint-Eustache venaient de perdre leur curé appelé Merlin. Ils proposèrent à l'archevêque, son neveu, comme son successeur, mais l'archevêque ne voulut pas accéder à leur désir, Mesdames de la Halle se firent les

champions du neveu et envoyèrent une députa-
tion à la Reine.

La harangue de ces dames se terminait ainsi :

— Le bon curé Merlin a reconnu son neveu pour
son successeur. D'ailleurs les Merlins ont toujours
été curé de père en fils et les paroissiens n'en
souffriront pas d'autres.

Anne d'Autriche se montrait peu disposée à
accueillir cette naïve raison, lorsque Voiture qui
se trouvait à ses côtés vint au secours des dames
de la Halle : — Voilà, madame, dit-il, une raison de
généalogie, de paternité, et d'hérédité légitime
qui me semble triomphante, je ne doute pas d'ailleurs que l'abbé Merlin n'ait un fils prêt à le remplacer lui-même en cas de mort, ces dignes
femmes paraissent sûres de leur fait... peut-être
en savent-elles quelque chose !

La reine se laissa convaincre et l'archevêque
consentit à l'avènement du neveu Merlin.

Un des cimetières — le cimetière Saint-Médard
célèbre dans l'histoire, était placé sur la paroisse
Saint-Médard, à l'endroit où se trouve actuellement le boulevard Saint-Germain.

Si tous les cimetières passent pour des lieux de
repos, le cimetière Saint-Médard fait exception
car il fut le théâtre de scènes contre lesquelles le
gouvernement dut prendre une mesure énergique.

Il s'agit du diacre Paris, les convulsionnaires
firent tant parler d'eux alors que l'autorité dut

intervenir et qu'une ordonnance fut rendue par le
Roy, le 21 janvier 1734. Le diacre Paris fut certainement le précurseur des doctrinaires de nos
jours qui affectent de faire passer l'hypnotisme et
la suggestion pour science nouvelle.

Cette ordonnance disait ceci : — S. M. a jugé
absolument nécessaire de faire cesser un tel
scandale, où le concours du peuple est une occasion perpétuelle de discours licencieux, de vols et
de libertinage,

Tous nos lecteurs savent que les convulsionnaires furent atteints encore plus par le ridicule
que par l'ordonnance du Roy.

Plus forts que les Aïssaouas, ils avalaient des
charbons ardents et mangaient les livres reliés
du *Nouveau Testament*. Heureusement qu'il n'était
pas rédigé par le trop naturaliste Zola.

Ce cimetière fut fermé et sur ses portes furent
écrits ces deux vers :

> De par le Roy, défense à Dieu
> De faire miracle en ce lieu.

Après avoir parcouru la rue Saint-Bernard, à
côté de l'église Sainte-Marguerite, on remarque
un mur assez élevé, clos par une grille, à l'intérieur, c'est l'ancien cimetière de la paroisse.

Dans ce cimetière, furent déposés, dans la fosse
commune, le 10 juin 1795, à sept heures du soir,
les restes mortels de Louis XVII.

La nuit suivante, le cercueil qui contenait le corps du pauvre enfant fut enlevé secrètement et déposé en une autre partie du cimetière. Une ordonnance royale rendue le 14 février 1816, après le vote d'une loi dont Chateaubriand avait été le promoteur, prescrivit l'érection d'un monument expiatoire à la mémoire de Louis XVII; mais on dut renoncer à son exécution, faute de pouvoir retrouver ces tristes débris.

Le cœur du prince, conservé, dit-on, par le docteur Pelletan, lors de l'autopsie, fut placé dans un vase de vermeil, qui resta plus tard en dépôt à l'archevêché de Paris, ce vase aurait été, le 14 février 1831, brisé par les insurgés qui pillèrent l'archevêché.

En 1815 une enquête avait été ordonnée par Louis XVIII pour retrouver l'endroit où l'inhumation avait été faite dans le cimetière Sainte-Marguerite.

Mais les témoignages avaient été si contradictoires qu'on avait renoncé à pousser l'enquête jusqu'au bout.

On se trouvait en présence de gens qui, dans l'espoir d'une récompense, affirmaient tous qu'ils avaient déterré le cercueil de la fosse commune et qu'ils l'avaient placé en lieu sûr.

Ils étaient cinq ou six qui prétendaient avoir pris ce soin, et qui s'en attribuaient tous le mérite, dans le but d'obtenir les faveurs du gouvernement de la Restauration.

Il semblait acquis que le cercueil primitif avait été remplacé par un cercueil de plomb. On allait procéder à de nouvelles fouilles lorsqu'une nouvelle déclaration jeta le désarroi dans les esprits.

Un ancien fossoyeur nommé Charpentier assura qu'il avait été chargé cinq jours après la mort du Dauphin de transporter le corps du cimetière de Sainte-Marguerite à celui de Clamart; dans le doute on s'abstint de recherches.

Les choses en restèrent là.

Mais il y a quelques années, M. Chantelauze fut mis sur une piste nouvelle, après avoir recueilli de nouveaux documents et interrogé les survivants, il acquit la conviction que, en novembre 1826, le cercueil où se trouvaient les restes du défunt avait été retrouvé.

Le curé d'alors, M. Haumet, faisait établir des fondations pour la construction d'un presbytère, lorsque les ouvriers mirent à jour un cercueil de plomb, il s'apprêtait à faire préparer une autre fosse, lorsqu'il fut frappé de ses dimensions ; le souvenir des traditions de 1815 lui revint à l'esprit.

Il fit prévenir les docteurs Milcent, Andral, Lallemand et Récamier qui examinèrent le squelette.

Les médecins déclarèrent que c'étaient les ossements d'un enfant qui avait dû être atteint de scrofule. On eut recours aux procès-verbaux d'autopsie de 1795 et l'étude du squelette coïncida avec les détails particuliers mentionnés alors, le buste court, les jambes démesurément longues, une conformation vicieuse, provenant d'un état de rachitisme. Des cheveux restaient encore; ils étaient de la couleur blond-roux signalé dans le document officiel de 1795.

Une autre preuve s'offrit de l'identité de ces restes.

Le procès-verbal d'autopsie ajoutait que, dans cette opération, on avait scié le crâne et il disait comment les médecins l'avaient remis en place : et ce fut d'une façon exactement pareille que l'on trouva en 1846, le crâne du petit squelette, scié en deux.

M. Haumet fit un procès-verbal de cette découverte, il ne jugea pas à propos de la divulguer à la famille d'Orléans régnante alors, et, après ces constatations donna l'ordre d'enterrer secrètement, de nouveau, les restes du Dauphin.

Le cercueil qui les contient doit se trouver dans une fosse creusée près de la chapelle *des Ames du Purgatoire*, auprès de la tombe d'un ancien curé de Sainte-Marguerite, M. Dubois.

Jamais depuis on ne voulut autoriser de nouvelles fouilles. Ce serait pourtant un point d'histoire curieux à élucider.

On n'enterre plus dans ce cimetière depuis longtemps, il est très curieux à visiter et est presque inconnu même des gens du quartier.

Le cimetière du lac Saint-Fargeau est également

fermé il ne renferme rien d'intéressant, il desservait Belleville.

Le cimetière Saint-Vincent, dans la rue de ce nom, à Montmartre est aussi très ancien on n'y enterre que les gens qui y ont un caveau. Après l'assassinat du général Lecomte et de Clément Thomas, le 18 mars 1871, rue des Rosiers, les deux cadavres furent transporté dans un caveau provisoire.

Vers l'an 1600, Paris n'était pas, à beaucoup près, le Paris d'aujourd'hui, il ne fallait pas aller chercher les vignes, l'ombre, les paysans, la campagne, à dix lieues à la ronde, il suffisait de monter le faubourg Saint-Antoine de prendre à son extrémité, à droite et à gauche, la première rue qui s'offrait à la vue, et là, on marchait entre deux haies d'aubépines, de lilas et de groseillers, quelques maisonnettes étaient semées le long de la route, au printemps cela sentait bien bon et était un lieu de délices, bien désert, bien calme, tout près de Paris et en même temps bien loin.

Les moines qui ont toujours excellé dans le choix des sites pour y construire leur demeure ne manquèrent pas de jeter les yeux de ce côté.

Le père Mussard y vint fonder un couvent de *pénitents reformés du tiers-ordre de Saint-François,* que le peuple ne tarda pas à appeler : *Piques-Puces* et aujourd'hui par corruption : *Picpus.*

Pourquoi cette dénomination bizarre fut-elle appliquée à ces moines ?

On raconte que vers l'année 1602, un mal épidémique assez singulier se manifesta, dans les environs de Paris, de petites tumeurs blanches se déclarèrent sur les bras et les mains des femmes ; la légende ajoute, des jeunes principalement. Ces petites tumeurs présentaient le caractère d'une morsure faite par un insecte venimeux.

Une certaine abbesse de Chelles fut atteinte de ce mal d'aventure. Un jeune abbé se présenta chez l'abbesse, baisa la plaie, après s'être agenouillé devant elle, et la guérison fut instantanée.

Nécessairement on cria de suite au miracle, quelques jeunes nonnes du même couvent ayant ressenti le même mal, le franciscain opéra d'une manière semblable et une cure complète fut obtenue.

Le secret s'échappa hors du cloître, cela se conçoit, les religieuses étaient femmes.

Les paysannes et leurs filles, atteintes par l'épidémie, s'adressèrent au jeune docteur.

Le franciscain, trouvant sans doute la tâche moins agréable que les cures obtenues au cloître de Chelles, appela ses frères à son aide. Tous se mirent à l'œuvre et l'épidémie disparut.

Comme le signe inflammatoire du mal ressemblant à la tumeur produite par l'insecte dont le nom est si populaire, on appela les franciscains : *frères Piques-Puces.*

Ce couvent était situé presque aux deux tiers de la ruelle. C'était alors un grand bâtiment entouré de jardins.

Grâce aux cures merveilleuses des franciscains, grâce aussi aux libéralités de la veuve de René de Mortemart et à la protection royale, ce couvent devint célèbre.

La dévotion l'enrichit. Ils avaient dans leur réfectoire des tableaux de maîtres, et dans leur église des statues remarquables,, entre autre un *Ecce homo* de Germain Pilon.

Les *Piques-Puces* avaient le privilège inappréciable de recevoir les ambassadeurs des puissances catholiques. Les ambassadeurs recevaient là les princes du sang et les hauts dignitaires de l'église. Un prince de la maison de Lorraine, ou un maréchal de France venait les chercher pour les conduire dans un carrosse du roi à leur hôtel, situé rue de Tournon.

Ce couvent fut supprimé vers 1790 et devint propriété nationale.

En 1793, les exécutions étaient nombreuses, on abattait cinquante ou soixante têtes par jour, la guillotine était dressée place de la Révolution et *Barrière Renversée* (aujourd'hui place du Trône). Il eut été long et difficile de conduire les suppliciés aux cimetières établis, on trouva plus simple de créer un cimetière à proximité de la machine.

On ne pensa pas à aller à Méry-sur-Oise, la suppression du couvent de *Picpus* laissait un terrain d'une superficie de 18,538 mètres à la disposition de la commune de Paris.

Elle en fit un cimetière, voici la décision du corps municipal :

SÉANCE DU 26 PRAIRIAL, AN II.

Sur le rapport des administrateurs des travaux publics, relativement à la *nécessité* d'établir un cimetière pour recevoir les cadavres de ceux que le glaive de la loi a frappés, que cet établissement pourrait avoir lieu dans un terrain provenant des ci-devant chanoines de Picpus, et qu'il était d'une si grande urgence qu'il ne pouvait y être apporté le moindre retard.

Le corps municipal, la junte nationale entendue, arrête la formation dudit établissement dans le lieu ci-dessus énoncé, autorise les administrateurs des travaux publics à donner des ordres provisoires pour sa prompte exécution, sauf à faire un rapport au prochain corps municipal.

Le cimetière fut établi.

Voici un autre document le concernant qui est d'une curieuse originalité, il ne brille pas précisément par l'orthographe, mais les conseillers municipaux d'alors, pas plus d'ailleurs que ceux d'aujourd'hui, n'avaient point besoin d'être pourvus d'un diplôme de Bachelier pour remplir leurs fonctions :

« Section des Quinze-Vingts, conseil civil et de police. Observations que font au département des travaux publics, les citoyens Gillet, commissaire de police de la section de la rue de Montreuil ; Almain, commissaire de police de la section de l'Indivisibilité et Renet de la section des Quinze-Vingts, dans l'arrondissement de laquelle se font, au haut du faubourg Saint-Antoine, les exécutions et inhumations des condamnés par le tribunal révolutionnaire et à cette occasion :

» 1º Sur la place de l'exécution, on a creusé un *troux* d'environ une toise cube où s'écoule le sang des suppliciers et l'eau avec laquelle on lave la place. Ce *troux* est presque plein et jette une odeur pestiférée, dont tous les habitants environnant sous le vent se *pleigne* grandement, il conviendrait combler ce *troux* et en faire un autre auprès plus profond ou *lon* rencontra une terre où ce sang *simbiba* ;

« 2º De la place de l'*exécution* au cimetière, il n'existe qu'un chemin le long du mur de clôture en dedans, lequel n'étant point pavé, est impraticable surtout aux nouveaux tombereaux qui transpor*tait* les cadavres des suppliciers au cimetière, *ses* tombereaux ayant des roues très basses *sengrave* dans le sable, et les terres mouvantes de ce chemin les font demeurer, malgré le nombre de chevaux que l'on y peut *atteller*, il conviendrait faire paver une étroite chaussée, le long de ce mur, qui *alla* jusqu'au dit cimetière ; ce qui peut être évalué à deux cents toises superficielles de pavé ;

« 3º Dans le cimetière il est de *tout* impossibilité de pouvoir verbaliser le plus souvent de *nuits* à *l'enjure de lair*, à la pluie ou *qu'ant* il vente à ne pouvoir tenir de lumière.

« Comme il existe dans ce cimetière une grotte toute couverte et close en partie, il ne s'agit plus que de mettre deux petits châssis et de clore par devant, et fermer d'une porte la *ditte* grotte, alors on *poura* dresser à couvert *letat* exact des effets des suppliciés.

« On *poura* là sur une tablette laisser le registre, y avoir plume et encre, et y tenir de la lumière, toute la dépense de clôture *nira* jamais à 50 livres, et une redingotte oubliée peut être souvent une perte de plus de 100 livres pour la nation et quand il pleut ou vente on peut en échapper beaucoup.

« Ces observations *étante* des plus justes et *l'exécution* des plus urgentes, il convient qne les citoyens administrateurs s'en occupent promptement et *donne* leurs ordres en conséquences.

A Paris, ce 31 mesidor l'an II° de la République française une indivisible et impérissable.

Signé : GILLET, ALMAIN et RENET.

Voilà un rapport qui donne le frisson, est-il assez terrible dans son laconisme ?

Quelle étrange préoccupation, au milieu de ce sang versé de ces cadavres encore palpitants : — *Une seule redingotte oubliée peut être souvent une perte de plus de cent livres pour la nation.*

La commune nomma un inspecteur pour vérifier les faits contenus dans le rapport cité plus haut; voici la copie de la lettre que le sieur Poyet, architecte, adressa à la Commune, elle est on ne peut plus intéressante :

CIMETIÈRE DES SUPPLICIERS L PICPUS

Paris, le 21 messidore l'an II de la République, une et indivisible.

« Je m'empresse de donner au département des travaux publics, communication des mesures renfermées dans un rapport de Goffinet, relativement à la sépulture des suppliciers et qu'il croit indispensable pour prévenir tout odeur méphitique.

Cet inspecteur, qui est descendu dans la fosse établie à Picpus, y a éprouvé une odeur qu'il est important d'atténuer par tous les moyens possibles. Celui qu'il propose en ce moment consiste à établir sur cette fosse un plancher en charpente sur lequel on pratiquera des trappes pour la facilité du service ; ce moyen est le seul que l'on puisse employer en ce moment, pour concentrer dans cette fosse les émanations dangereuses qui pourraient en sortir sans cette précaution.

Il existe un autre foyer de corruption qui n'a point échappé à la surveillance de cet inspecteur et que je crois de nature à être pris en grande considération par le département des travaux publics, au lieu même de l'exécution, place de la Barrière-Renversée, il a été pratiqué un trou destiné à recevoir le sang des suppliciés.

Quand l'exécution est terminée, on se borne à couvrir le trou avec un plancher, ce qui est insuffisant pour renfermer l'odeur du sang corrompu qui s'y trouve en assez grande quantité pour faire naître une odeur méphétique. Le sieur Coffinet pense que, pour supprimer toutes espèces d'exhalaisons meurtrières, dans la saison actuelle, il serait convenable d'établir sur une petite brouette à deux roues, un coffre doublé d'une petite feuille de plomb dans lequel tomberait le sang des suppliciés qui serait ensuite versé dans la fosse Picpus.

Le département des travaux publics s'empressera, sans doute d'adopter cette dernière mesure, et je l'y exhorte d'autant mieux que le lieu des suppliciés et celui de la fosse n'étant pas très éloignés l'un de l'autre, il serait possible que ces exhalaisons s'attirassent entre elles et vinssent à produire un foyer de méphitisme d'autant plus dangereux que dans cette hypothèse, elles ne laisseraient pas d'embrasser une grande étendue de l'atmosphère.

J'attends, sur les dispositions qui sont l'objet du présent rapport, les ordres du département.

L'architecte de la commune,
Henri POYET.

Nous ignorons si la commune adopta le projet de Coffinet, mais cela eut fait bel effet. Voyez-vous d'ici ce tableau saisissant :

Le tombereau arrivant la nuit, s'avançant au bord de la fosse, à la lueur des torches résineuses, déversant son lugubre bagage dans le trou béant les commissaires tout de noir habillés, verbalisant, supputant le nombre probable de redingotes, puis la petite brouette venant arroser les cadavres de leur sang encore fumant !

Décidément les fossoyeurs d'alors ne devaient pas être des *gommeux !*

En 1804, les parents des victimes furent autorisés à les faire inhumer au cimetière *Picpus.*

Y reposent les restes des Noailles, des Lévis, d'André Chénier, des Montmorency, de Roucher, de la comtesse de Meursin, du Président de Berulle, duc de Saint-Aignan, de la marquise de Rosambo, Lafayette y est enterré auprès de sa femme; la fille du duc d'Ayen, dans de la terre envoyée exprès d'Amérique, le duc de La Rochefoucauld-Bisaccia y a son monument, non loin de celui de M. de Rémusat.

On remarque un tumulus de forme antique dont des figurines de guerriers, de moines et de religieuses, supportent le couvercle de granit; sur cette tombe n'a été gravé ni nom, ni épitaphe, un écusson et une prière, c'est tout !

C'est la tombe du comte de Montalembert.

Les familles propriétaires de ce cimetière,

jouissent encore aujourd'hui du droit de sépulture qui leur a été concédé, sur l'exhibition de leur
titre de propriété et avec l'autorisation du préfet
de police.

Si nous nous sommes étendus aussi longuement
sur la description de ce cimetière perdu, c'est qu'il
est la dernière demeure de toutes nos gloires, et
que le rare visiteur qui s'y égare, peut au milieu
de cette solitude méditer ces sublimes paroles :
« En face de la vérité dans ce siècle profondément
« ému, j'écoute la tempête sans pâlir, je m'éclaire
« de la foudre qui tombe sur le Temple, et la tête
« appuyée sur le seuil du parvis, je dors le somme
« divin d'une infaillible foi. »

Un autre cimetière, celui du Calvaire attenant à
la vieille église de Montmartre, est également la
nécropole du faubourg Saint-Germain il est curieux à visiter.

LES EXTRÊMES SE TOUCHENT.

III

Le cimetière Montmartre. — Une mauvaise idée du conseil municipal. — Godefroy Cavaignac. — Delphine Gay et Émile de Girardin. — La dame aux Camélias. — Adolphe Adam. — La tombe de Murger. — Théophile Gautier. — Un admirateur inconnu. — Baudin. — Les Samson. — Delescluze. — Un sacristain prévoyant. — Barbarin. — Le cadavre récalcitrant. — Le cimetière du Père-Lachaise. — Justin Menier et Louis Blanc. — Littérature et chocolat.— Balzac et Lachambeaudie. — Adolphe Thiers. — Un monument fermé. — Le cimetière musulman.— La reine d'Oude. — Le cimetière israélite. — Un médaillon de Préault.

Lorsque les vingt cimetières furent supprimés, tous les ossements furent transportés aux catacombes en 1790, l'Assemblée constituante défendit d'enterrer dans les Églises, préludant ainsi aux dispositions de prairial an XII. La préfecture de la Seine compléta cette œuvre par un arrêté du 12 mars 1801 qui ordonnait l'établissement de trois cimetières hors de Paris.

En l'an XII (1804) en même temps que paraissait la loi de prairial qui réglementait les sépultures, Napoléon 1er ordonna la création de quatre cimetières : Montmartre, le Père-Lachaise, Vaugirard et Sainte-Catherine.

Le cimetière de Montmartre, d'abord nommé
Champ de repos, est situé boulevard Clichy, il est
établi sur l'emplacement d'une ancienne carrière
à plâtre ; primitivement son étendue était restreinte mais, en 1819, il fut agrandi, sa surface
est de trente arpents et de trente-trois divisions.

Son sol accidenté donne à ce cimetière une physionomie des plus pittoresques. Il est très fré-
quenté par les promeneurs, surtout le jour de la
Toussaint. Impossible de s'y égarer, d'élégants
poteaux indiquent le nom de l'avenue et le numéro
de la division, un service de renseignements
est installé dans les bureaux du conservateur,
des employés s'y tiennent à la disposition du public.

Le cimetière Montmartre a perdu un peu de son
pittoresque, du moins à son entrée, depuis la construction du pont métallique pour le prolongement
de la rue Caulaincourt.

Jusqu'au commencement de 1888 on accédait
au cimetière par un chemin étroit, en pente douce,
bordé de chaque côté par des marchands de couronnes et des marbriers, aujourd'hui le sol est
abaissé, et d'un côté ces commerçants sont perchés
en haut d'une rampe, ce qui produit le plus dis-
gracieux effet.

L'exécution de ces travaux n'a pas été sans dif-
ficultés ; il a fallu, pour les mener à bien, déplacer
un certain nombre de concessions à perpétuité ;
les morts n'ont pas protestés ; là ou ailleurs, cela

leur était indifférent ; mais il n'en fut pas de même des ayant-droits.

La loi a prévu la translation des sépultures ; la Ville prend à sa charge le déplacement des cercueils et la reconstruction des mausolées ; les héritiers d'un des *déplacés* n'acceptèrent pas ces conditions ; la Ville offrait huit mille francs, ils en demandaient quatre cent mille ! pas un sou de moins ; il y eut procès, les héritiers perdirent.

Qui avait raison, eux ou la Ville ?

Tous deux, les héritiers au point de vue moral et la Ville au point de vue de la loi, c'était le Conseil municipal de Paris qui avait tort, et, si l'on avait bien cherché les raisons de son obstination à mutiler le cimetière, peut-être, eut ont trouvé que la question d'utilité publique n'était que secondaire, et que s'ils n'admettaient pas les raisons des familles, ils n'étaient pas pour cela ennemis de la famille !

Depuis l'affaire Wilson, les pouvoirs publics sont bien malheureux.

Ce cimetière renferme un grand nombre de tombes célèbres.

Godefroy Cavaignac, une statue de bronze couchée sur un socle de granit, 1826, 31ᵉ division.

Félix Hinoult, le célèbre voyageur, repose avenue Montmorency ; devant son monument on remarque deux momies, grandeur nature.

Dans cette même avenue, le jour de la Toussaint une tombe est très entourée..... de gendarmes. Il

y en a de toutes sortes, à pied, à cheval, gardes
républicains, de l'infanterie et de la cavalerie !

Cette tombe est des plus modeste, mais elle disparaît ce jour là, sous les couronnes dont beaucoup sont ornées de rubans tricolores. Sur la pierre
on lit ces deux mots : Famille Raymond. Qui donc
est enterré la ? Un général ? Un officier supérieur ?
Rien de tout cela, un simple bourgeois, mort
en 1869, et qui, par testament, a légué 40,000 francs
de rentes à la gendarmerie.

La gendarmerie est reconnaissante.

Les deux tombes de Delphine Gay et d'Émile de
Girardin se composent d'une plaque en marbre
blanc, d'une grande simplicité ; sur celle de Delphine Gay, on lit cette inscription : « On mettra
sur ma tombe une croix pour seul ornement —
8 août 1844. »

Cette division est préférée des promeneurs.

Le monument de Marie Duplessis (la Dame aux
Camélias), présente un singulier contraste avec
celui d'Émile de Girardin et de sa femme ; sur ce
dernier, jamais un vase de fleurs, jamais un bouquet, tandis que le riche sarcophage de la célèbre
courtisanne, est, pendant toute l'année, surchargé
de fleurs rares ; ces fleurs ne sont pas apportées
chaque jour par ses anciens admirateurs, c'est
une main mystérieuse, qui, d'un bout de l'année
à l'autre, entretient cette tombe.

Adolphe Adam repose, depuis 1856, dans la
5° division, sous une pierre tombale de peu d'ap-

parence; il n'est pas seul dans son tombeau, car on lit sur sa pierre : *Moreaux, gendre d'Adolphe Adam, tué au combat de l'Hay pour la défense de Paris, le 30 septembre 1870.*

La tombe de Murger semble abandonnée des *Mimis* et des *Musettes* : n'en existerait-il plus ?

Théophile Gautier repose, depuis 1872, dans la 3ᵉ division ; sa tombe est généralement l'objet d'un pèlerinage de quelques fidèles ; les jolis vers gravés sur l'une des faces du monument, sont, le jour de la Toussaint, lus à voix haute par un inconnu, toujours le même ; il arrive le premier et s'en va le dernier.

Voici ces vers :

Priez Dieu pour son âme, et par des fleurs nouvelles
Remplacez en pleurant les pâles immortelles
    Et les bouquets anciens.

Où retrouverez-vous le temps sacrifié
Et ce qu'a de votre âme emporté sur son aile
Des révolutions la tempête éternelle ?

L'oiseau s'en va. La feuille tombe,
L'amour s'éteint, car c'est l'hiver.
Petit oiseau, viens sur ma tombe
Chanter quand l'arbre sera vert.

Les tombes de Baudin, Cavaignac, Armand Marrast et Crémieux, sont à peu près les seules d'hommes politiques.

Charles Samson, l'exécuteur de Louis XVI, et Samson Henri, exécuteur de Marie Antoinette, reposent, le premier depuis 1793, le second depuis 1840, dans la 20ᵉ division.

Ce fut le cimetière Montmartre qui reçut ceux qu'on est convenu d'appeler les victimes de décembre; ils furent disposés dans trois tranchées, à la fosse commune ; tous étaient dans des cercueils de sapin, et le public défilait au milieu pour les reconnaître.

En 1871, on y enterra beaucoup de communards (pas tous malheureusement) ; parmi eux, se trouvait le vieux Delescluze.

On se souvient qu'il fut tué le 25 mai 1871 sur le boulevard Voltaire, au pied de la barricade du Château-d'Eau.

Son cadavre fut déposé dans l'église Sainte-Élisabeth, puis, deux jours après, transporté dans le square du Temple, et, de là, chargé sur une voiture pour être inhumé à Montmartre.

Le suisse de l'église, M. Louis Ouskel, avait attaché une estampille de plomb portant un numéro, afin de faciliter les recherches postérieures.

Il avait, en outre, recommandé de placer le corps à l'extrémité de la tranchée.

Ces instructions furent d'abord suivies ; mais le commandant Duverney, en ayant eu connaissance, ordonna de replacer le corps de Delescluze au milieu de la tranchée et de retirer l'estampille attaché à la jambe, ce qui fut fait.

On pouvait croire que ce cadavre serait perdu,
mais à force de recherches il fut découvert et
transporté au Père-Lachaise où il repose dans un
terrain concédé par le Conseil municipal.

Le cimetière israélite, parmi une foule de célébrités de la finance et des arts, contient la tombe
de l'illustre Halévy, l'auteur de *la Juive*, oncle du
célèbre et spirituel académicien, Ludovic Halévy.

Autrefois, devant le cimetière Montmartre, un
nommé Barbarin avait eu l'idée d'ouvrir un petit
théâtre-concert intitulé : « Tivoli » ; mais le public
du quartier l'avait baptisé de ce sobriquet étrange :
le cadavre récalcitrant. Il fallait l'être, en effet,
pour jouer et chanter l'opérette à la porte même
du champ des morts.

Les marbriers, marchands de couronnes et
même les fossoyeurs du cimetière, étaient les
principaux abonnés de ce petit théâtre qui resta
ouvert pendant toute la durée de la commune. Il
fit beaucoup d'argent, grâce au concours des principaux artistes de Paris, qui, à défaut d'autres
scènes ouvertes dans Paris, étaient venus offrir
leurs services à Barbarin.

L'endroit où est situé le Père-Lachaise porta
d'abord le nom de *Champ-l'Évêque*.

Un riche épicier frappé de la beauté du site, y fit
bâtir en 1347 une maison de plaisance, le public
la baptisa du nom de *Folie-Regnault*, son jardin
contenait six arpents.

Les jésuites en firent l'acquisition en 1626.

La légende raconte que ce fut de cet endroit que
Louis XIV vit le combat livré le 2 janvier 1652,
dans le faubourg Saint-Antoine, au grand Condé,
alors chef des frondeurs, par le maréchal de Turenne, commandant l'armée royale.

C'est la présence du roi qui valut à cet emplacement le nom de *Mont-Louis*.

En 1575, Louis XIV donna l'enclos de Mont-Louis
à son confesseur, le père Lachaise, par ordre
royal, l'enclos fut agrandi, la maison reconstruite
et élevée deux étages.

Mont-Louis devint rapidement le rendez-vous
des personnages élevés de la cour, après la mort
du père Lachaise il devint la maison de plaisance
des jésuites, lorsqu'ils furent expulsés de France,
Mont-Louis, par décret du 31 août 1763, fut vendu.

En 1804, ce domaine qui avait conservé le nom
du père Lachaise, fut acheté 160.000 francs par le
préfet du département de la Seine et conformément au décret de Napoléon Iᵉʳ converti en cimetière.

Brongniart fut chargé d'approprier Mont-Louis
à sa destination nouvelle.

D'après les plans primitifs, une pyramide colossale devait remplacer la maison du révérend père,
mais ce monument ne fut pas exécuté, il fut remplacé par la chapelle funéraire que nous voyons
aujourd'hui. La caisse municipale et le legs de la
veuve du docteur Bosquillon en firent les frais.

Le cimetière du Père-Lachaise fut ouvert aux

morts, le 21 mai 1804, Molière, Lafontaine et Beaumarchais en furent les premiers habitants ; sa superficie alors était de quatre-vingts arpents, une
partie en plaine, l'autre partie en côteaux, cette
colline est la continuation des Buttes-Montmartre,
Piat et Chaumont.

Le premier corps enterré dans les fosses communes fut celui du porte-sonnette de l'un des
commissaires de police du faubourg Saint-Antoine,
il y fut apporté le même jour que les ossements
de Molière.

Le premier monument de marbre fut celui de
Lenoir-Dufresne, érigé au pied de la terrasse, il y
est encore.

Le premier monument de pierre fut celui de la
femme Frémont, c'était une pyramide triangulaire
de douze pieds d'élévation.

Le cimetière du Père-Lachaise compte soixante-
onze divisions et en plus le cimetière Musulman
et le cimetière Israélite.

L'entrée principale ne date que de 1820, autrefois
on accédait au cimetière par la porte située près
du cimetière Israélite.

Ce cimetière est le cimetière aristocratique par
excellence, il faudrait un volume pour citer tous
les tombeaux d'hommes célèbres qui méritent de
retenir l'attention.

Toutes ces tombes, parlent, et nous disent combien, depuis un siècle, sont allés vers l'inconnu,
c'est l'histoire de Paris, de la France, tous les illus-

tres sont là, et malgré la somptuosité de leur dernière demeure on songe au vers de Lamartine sur Napoléon Ier :

Il est là ! sous trois pas un enfant le mesure.

Le tombeau de Justin Menier écrase sous sa magnificence le modeste tombeau de Louis Blanc.

Un poète a écrit sur la pierre tumulaire de l'auteur de *la Révolution française* les vers suivants :

Hélas ! si ce tombeau (soit dit sans amertume)
De son riche voisin n'a pas le grand éclat,
C'est que l'on gagne moins à signer un volume
Que des livres. . . . . de chocolat.

Chaque tombe a sa clientèle. Les indifférents qui viennent admirer le monument. Les lecteurs qui se souviennent de leur auteur favori. Les politiques qui viennent se retremper auprès de leurs chefs. Les soldats s'arrêtant devant la tombe de Clément Thomas et du général Lecomte, 1871 (4e division), devant celles des généraux Clinchant, 1881 (49e division), le général Neigre 1847 (56e division), la tombe d'Alfred de Musset, 1857 (4e division) est très fréquentée, le fameux saule est souvent sans feuilles, car les fanatiques ne manquent jamais d'en emporter quelques unes.

La pierre sur laquelle repose le monument funèbre des généraux Lecomte et Clément Thomas a 2 m. 50 de hauteur sur 80 centimètres d'épaisseur.

Ce monument est dû au ciseau du sculpteur Cugnot, il a été élevé par une délibération du Conseil municipal.

On leur devait bien cela.

Balzac 1850, Lachambaudie 1872, et Frédéric Soulié 1847, reçoivent fréquemment des visiteurs, ce dernier a attendu 27 ans pour avoir une tombe décente, je me souviens de sa tombe première, c'était navrant, un entourage de bois blanc, une petite croix enfouie dans les ronces et son nom seul pour épitaphe, il est vrai que les pompeuses épitaphes de ses orgueilleux voisins étaient bien banales à côté de la sienne?

Blanqui, 1806, repose dans la 51ᵉ division, reposer est la figure consacrée, car à l'anniversaire de sa mort, tout les *Blanquistes* viennent y faire un tapage infernal et y rééditent le même discours : sauver le monde. S'il les entend le vieux révolutionnaire doit bien rire.

La tombe de Delescluze et celle de Vallès reçoivent par ricochet les hommages des mêmes « citoyens ». C'est une tournée, il va sans dire que ce sont les mêmes déclamations et la même débauche de couronnes rouges.

A ce sujet une petite réflexion :

La couronne d'immortelle est par excellence l'emblême catholique, comment les révolutionnaires qui prétendent qu'il n'y a ni Dieu ni maître admettent-ils ce symbole?

Les monuments les plus remarquables du

cimetière sont ceux de Cail, Adolphe Thiers, Félix
Beauséjour, Casimir Perier, Michelet et Héloïse et
Abélard.

Cail, 1858, repose dans la 69ᵉ division, sa magnifique chapelle domine tout Paris.

Le monument d'Adolphe Thiers présente l'aspect
d'une grande chapelle en pierre de taille et granit
d'ordre corinthïen.

Le motif de la façade principale se compose d'un
grand arc, sur chaque côté duquel sont deux
grandes colonnes en pierre, prenant toute la hauteur du monument et posées sur un socle.

Elles portent un entablement au milieu duquel
on voit un grand panneau formant motif. Et là se
trouve, écrite en lettres d'or, la devise qu'avait
choisie Thiers :

Patriam dilexit
Veritatem coluit.

la porte d'entrée, portée sur huit marches est en
bronze massif. Au-dessus de cette porte est une
première œuvre d'art signé Chapu, elle représente
le *Patriotisme défendant la France,* deux grandes
figures en bas-relief, une femme et un génie qui
la couvre de son bras armé, avec attributs allégo-
riques, morts, blessés, mourants et feux d'incendie.

Ce groupe est admirable. Aux coins du fronton
deux génies, l'un portant la plume de l'écrivain,
l'autre le flambeau de l'histoire.

Dans l'intérieur le sol est dallé de marbres mul-
ticolores, à droite et à gauche sous deux grandes
baies fermées par des clotures en bronze, deux
bas-reliefs représentent, l'un à gauche *la libération
du Territoire*, l'autre à droite, *l'Histoire traçant dans
l'avenir le nom de Thiers.*

Aux pendentifs de la coupole, quatre génies
ailés représentent, avec des attributs : *l'histoire,
l'éloquence, la science,* et le *patriotisme.*

Sur les pilastres du rez de chaussée sont gra-
vées des inscriptions qui rappellent la vie de l'ancien président de la République.

Pour descendre à la crypte, un escalier monu-
mental qui rappelle les colossales descentes dans
les pyramides et bordé de chaque côté de barrières
de bronze massif ajouré en bas.

Au centre de la crypte se trouve le sarcophage
de Thiers, il est en porphyre vert, posé sur un
socle en porphyre rouge.

Un nom et deux dates, en lettres d'or sur le
socle.

A. THIERS
1797 — 1877.

Ce monument contient outre les restes de Thiers
ceux de sa femme et de ses grands-parents. Les
cercueils sont dans la crypte.

Si nous avons plus longuement décrit ce monument que les autres, ce n'est point pour Thiers,

mais parce que suivant sa volonté dernière, nul ne sera admis à le visiter ce qui est grand dommage pour les amateurs et les artistes de ne pouvoir admirer l'œuvre vraiment merveilleuse de MM. Chapu, Mercier et Aldrophe.

La tombe d'Héloïse et d'Abelard est fréquemment visitée par les amants qui viennent y puiser l'exemple de la fidélité. C'est une chapelle gothique très élégante qui fut érigée en 1779 à l'abbaye de Paraclet, puis transférée pendant la révolution au musée des Petits-Augustins, elle est au Père-Lachaise depuis 1819.

La fosse commune est une des horreurs de notre époque, cette promiscuité a quelque chose de terrible, tous ces cercueils côte à côte dans cette lugubre tranchée donnent le frisson à ceux qui assistent à l'enterrement de ces déshérités. Peu importe aux morts, disent les sceptiques, ils sont aussi bien là qu'ailleurs pour pourrir ; c'est vrai, les vers rongent aussi bien la carcasse du pauvre que celle du riche, mais la famille! Car c'est une consolation, un soulagement du cœur que de venir pleurer sur la tombe d'un être aimé, surtout que le chagrin éprouvé est en raison de la misère et des luttes subies et soutenues ensemble. Les larmes des pauvres sont généralement sincères.

Qui de nous, dans ses promenades aux cimetières parisiens, n'a assisté à une de ces scènes navrantes: Une femme et des petits enfants agenouillés devant un entourage de bois noir, à la tête duquel une croix en sapin porte seulement un nom et une date, un peu de buis étique, une couronne fânée, un pot de chrysanthème étiolé, dame, il faudrait que la malheureuse femme préleva sur le maigre salaire de sa semaine pour les renouveler il faut qu'elle songe aux petits ; elle cause avec le mort, et à force de concentrer sa pensée sur le même objet, elle croit qu'il lui répond : courage. Elle se relève essuie ses yeux et va recommencer sa vie de labeur jusqu'au dimanche suivant.

Les années s'écoulent elle revient toujours ; mais un jour, elle ne retrouve plus son cher mort ; cinq années se sont écoulées et le sol a été bouleversé pour faire place à d'autres ; elle n'en peut croire ses yeux, elle interroge les gardiens, les fossoyeurs, qui lui répondent distraitement, ils sont habitués à ces scènes, la pauvre femme pleure; cette fois pour elle, c'est fini.

Il nous souvient un jour de Toussaint avoir rencontré à la porte du cimetière d'Ivry, une pauvre petite fille qui pleurait, elle avait un bouquet d'un sou à la main.

— Pourquoi pleures-tu, mon enfant ?

— Hélas, messieurs, je ne sais plus où déposer mon bouquet.

L'histoire de la fosse commune serait l'histoire des travailleurs plus éloquente dans sa simplicité que l'exposé de toutes les théories des partis politiques qui prétendent sauver le monde.

4

Que de misères, que de souffrances y sont con-
fondues dans cette horrible fosse.

Un jour de l'hiver dernier, à la tombée de la nuit,
nous rencontrions sur la route de Saint-Ouen, le
corbillard des pauvres seulement suivi d'une
vieille femme, le cocher se hâtait, il n'avait pas de
pourboire à espérer, émus, sans trop nous rendre
compte, nous prîmes spontanément, Buguet et
moi, chacun un bras de la femme. Ah! l'inhumation ne fut pas longue! Au sortir du cimetière je
lui demandais qui nous venions d'accompagner :

— La petite bossue, me répondit-elle.

Et elle nous raconta l'histoire que voici :

— Vous avez dû, messieurs, rencontrer sur les
boulevards sous une porte cochère, une petite
bossue avec deux jambes de bois, qui vendait des
crayons ?

— Parfaitement.

— Elle logeait depuis dix ans dans un garni de
Clichy, jamais pendant cette période, elle ne parla
à personne, on l'aurait cru muette, elle rendait la
société responsable du long martyre qu'elle avait
subi. Elle avait été ramassée dans la rue, puis mise
aux enfants trouvés, malingre, laide, souffreteuse
depuis qu'elle avait été renvoyée de l'hospice elle
gagnait sa vie comme elle pouvait, lavant pour
celle-ci, faisant des courses pour celle-là, gardant
des enfants pour un autre ; plus d'une fois elle se
coucha sans manger, sans lumière et sans feu.
Un jour, elle rencontra un aveugle, il lui parla dou-

cement, un langage qu'elle n'avait jamais entendu,
la nature lui avait donné un cœur comme à une
autre, plus grand peut-être pour la consoler de sa
hideur, elle se laissa séduire par le charme de ces
douces paroles, ils se marièrent, comme font tant
de malheureux qui n'ont pas le moyen de se payer
les frais d'une noce. Un petit garçon naquit de cette
liaison.

A la fin de la Commune leur garni fut incendié,
ils durent se sauver. Elle prit son enfant dans ses
bras, l'aveugle se cramponnait à ses haillons et ils
partirent au hasard, tout à coup ils tombèrent au
milieu de la bataille, l'aveugle fut tué par une
balle, l'enfant eut la tête emportée par un éclat
d'obus, et elle eut les deux jambes brisées, trans-
portée à l'hopital on dut les lui couper.

C'est depuis cette époque qu'elle mendiait sous
les porches, il y a huit jours, elle est entrée à l'hôpital, aujourd'hui seulement elle est heureuse !

Et la pauvre femme essuya une grosse larme
au souvenir de la petite bossue.

Il y a au Père-Lachaise, comme dans d'autres
cimetières d'ailleurs, beaucoup de tombes délaissées, soit par oubli, soit parce que les familles se
sont éteintes ; il me semble, disait une âme sensible, que les morts doivent avoir plus froid dans
leur cercueil, c'est à ceux-là sans doute que son-
geait le poète Hariaucourt en écrivant ces vers :

Pleins du calme sacré de l'éternelle nuit,
On les laisse dormir dans la paix de leurs fosses ;
La foule des vivants les dédaigne et les fuit ;
Loin des regards banals et loin des larmes fausses,
Pleins du calme sacré de l'éternelle nuit !

Le 27 mai, les communards chassés de toutes leurs positions par l'armée régulière se réfugièrent dans le cimetière du Père-Lachaise, sur les hauteurs, ils y établirent une batterie formidable qui dirigeait un feu violent sur la ligne de bataille des troupes commandées par le général Ladmirault.

Les buttes Chaumont et les hauteurs du Père-Lachaise forment deux contreforts qui ont leur origine à l'est des remparts, cette position était terrible à enlever ; d'autant plus que les communards sentaient bien qu'ils n'avaient pas de quartier à attendre, et qu'ils se battaient avec l'énergie du désespoir ; vaincre c'était impossible, ils ne pouvaient que se défendre pour retarder l'instant fatal de la liquidation.

Aussi à l'attaque du Père-Lachaise, ce fut un combat héroïque ; les combattants embusqués derrière les tombes, cachés dans les chapelles, derrière les arbres tiraient sans cesse ; les obus qui venaient des batteries de Montmartre brisaient tout en éclatant, partout des cadavres gisant dans le sang, mutilés, méconnaissables.

Un épisode terrible de cette lutte:

Pendant la bataille, un fédéré, pour se soustraire à une exécution certaine, se réfugia dans un tombeau de famille, dans la quatorzième case, une case c'est un tombeau, à un mètre la case cela fait quatorze mètres.

Le tombeau de la famille **D...** qui était à côté, était encore plus profond, le fédéré s'y serait bien caché, mais il était à moitié démoli par les obus ; il passa trois jours dans la quatorzième case, mais, crevant de faim et de soif il dut sortir, la lutte venait de se terminer, les communards fuyaient en désordre ; il se cacha derrière une tombe, il était là depuis quelque minutes, des siècles, lorsqu'il s'entendit appeler par son nom : c'était son capitaine mortellement blessé qui gisait sur une tombe voisine :

— Fuyez, cachez-vous, tenez, là, prenez.

Et il désignait une clef qui brillait sur le marbre de la tombe.

— Eh bien ! dit le fédéré, quelle est cette clef ?

— C'est celle du caveau de ma femme et de mes deux fils, j'aurais bien voulu me traîner jusque-là. Pouvez-vous m'y porter ? Là-bas.

Le fédéré essaya de le soulever. Le capitaine retomba, inerte : il était mort.

A travers les tombes, à travers les monuments, rampant, regardant anxieusement toutes les inscriptions des caveaux, le fédéré, lut enfin sur une petite chapelle basse, le nom de son capitaine.

Il l'ouvrit, se blottit derrière l'autel et attendit.

Après avoir décousu la bande de son pantalon,

et jeté sa tunique son képi et ses armes dans le caveau, il put se sauver une nuit.

Il avait passé deux jours et deux nuits dans ce caveau.

Autrefois MM. les marbriers n'avaient point besoin de louer une chasse à Rambouillet, ou au bois de Meudon ; le Père-Lachaise était pour eux une chasse très giboyeuse ; ils avaient un chasseur de lapins ; on le nommait familièrement le père Bouland.

Le père Bouland était un brocanteur très connu à Ménilmontant, à force de brocanter, de prêter à la petite semaine, il était parvenu à acheter un terrain situé juste sous les murs du Père-Lachaise, il fit bâtir une masure étrange d'aspect, couverte de vieux morceaux de fer blanc, les carreaux étaient en papier, les portes disjointes ; il vivait dans ce taudis avec sa femme, la mère Marie, qui chiffonnait de son côté, en face de sa « maison » était une guinguette isolée qui portait pour enseigne peinte grossièrement par un Raphaël du cru : un lapin qui sautait vivant dans une casserole, au-dessous était cette légende alléchante : *Au Lapin du Père-Lachaise*.

A force de voir ce lapin, il en rêvait, l'eau lui venait à la bouche, le fumet des gibelottes lui troublait son sommeil, il était bien assez riche pour en manger un, et même plusieurs, mais il était d'une avarice sordide.

Un soir, au coin du feu, il causait « lapin » avec

sa femme ; je te croyais un malin, lui dit-elle tout-
à coup.

— Pourquoi?

— Le Père-Lachaise est garni de murs solides,
la mère Pierre a des lapins dans une cabane qui ne
ferme pas, elle a justement en ce moment une
mère pleine prête à mettre bas, emprunte lui, avec
une échelle, descends-la avec précaution dans le
cimetière, la bête fera ses petits, l'herbe est abon-
dante avant peu ils pulluleront.

Le père Bouland mit aussitôt l'idée de sa femme
à exécution, comme elle l'avait prévu, l'année
d'ensuite le cimetière était empoisonné de lapins.

Les gardes n'en avaient jamais rencontrés, ils
ne se doutaient par conséquent de rien ; dans le
haut du cimetière, ils avaient bien remarqué des
trous entre les herbes hautes, trous qui semblaient
s'enfoncer sous terre, mais ils pensaient qu'ils
servaient de retraites à des rats, il fut même question pour remédier à l'invasion des rongeurs d'or-
ganiser une chasse avec des chiens ratiers.

C'était pratique d'avoir « semé » des lapins,
mais comment les prendre?

Un jour, à Charonne, à cette époque, c'était encore une campagne, il fit la connaissance d'un
vieux braconnier qui lui enseigna l'art de prendre
les lapins au collet.

On sait que cet art consiste à faire un nœud coulant avec du fil de laiton très souple, à l'attacher à
un piquet solidement fixé en terre, en ayant soin

de placer le nœud coulant, au ras de terre, au milieu de la coulée qui se trouve en face du terrier, car à force de passer à la même place, le lapin se fraye un chemin très visible.

Il commença, un soir, à mettre ce système en pratique, il tendit plusieurs collets, et le lendemain, à la première heure de l'ouverture du cimetière, il eut la joie de voir plusieurs lapins pris au piège, il les décrocha, puis les jeta simplement par-dessus le mur, à sa femme, qui attendait de l'autre côté.

Son rêve était accompli, il mangeait du lapin, et en vendait à son voisin ainsi qu'à MM. les marbriers.

- Mais un jour il fut aperçu par un fossoyeur, un ancien zouave, qui avait aussi le goût du lapin, seulement ce dernier, souvenir d'Afrique, sans doute, trouvait ce moyen misérable ; étrangler un lapin, c'était bon pour un bourgeois, il résolut tout tranquillement de les chasser au fusil.

Une nuit d'automne, vers 1874, il faisait un orage épouvantable, la pluie tombait à torrent, les éclairs illuminaient le cimetière de lueurs sinistres, les arbres craquaient, le vent faisait entrechoquer leurs branches qui se relevaient avec un sifflement effroyable ; par intervalle, le tonnerre grondait avec fureur ; deux gardiens en ce moment faisaient leur ronde, car depuis quelque temps, malgré les précautions prises des malfaiteurs, chaque nuit, volaient, les couronnes, les fleurs, les arbustes, sans qu'on pût mettre la main dessus ; ils arrivaient dans la partie isolée du cimetière quand tout à coup, ils entendirent une violente détonation !...

Généralement les gardiens sont d'anciens soldats, aguerris, malgré cela, ils eurent un frisson et un instant d'hésitation ; ils s'attendaient à entendre un cri, un appel au secours, pensant bien que ce n'était pas un habitant du cimetière qui s'était relevé de sa tombe pour se suicider ou commettre un crime... rien ; ils coururent vers l'endroit d'où la détonation était partie ; ils cherchèrent une trace de pas, une piste, un indice quelconque, rien !

Ils ne parlèrent pas de cette aventure, mais ils résolurent de faire bonne garde. Le lendemain, à la même heure, ils entendirent une nouvelle détonation. Cette fois, sans hésitation, ils se précipitèrent vers le mur de clôture ; comme la veille, rien

Furieux, ils se munirent de fusils et se mirent à l'affût, mais ils n'entendirent ni ne virent rien.

Le père Bouland continuait toujours son petit commerce, mais un soir, ayant mal calculé l'heure de la fermeture du cimetière, il se trouva prisonnier, il chercha bien le moyen d'escalader le mur, mais il était trop haut.

Comme les terriers étaient à l'entrée de trois trous qui avaient jadis été creusés pour en faire des caveaux, il se coucha dans l'herbe pour attendre l'heure de l'ouverture du cimetière.

Vers dix heures, les gardiens qui voulaient en

avoir le cœur net et n'avaient pas abandonné leur poste d'observation, attendaient fumant philoso-phiquement une vieille bouffarde, tout à coup l'un des deux dit à son camarade :

— Tiens regarde donc ce qui grouille là bas, on dirait des lapins.

— C'est ma foi vrai dit l'autre à voix basse, mais je n'en mangerai pas, songe donc, des lapins qui gîtent dans des cercueils, à côté des cadavres.

Ils allaient continuer leur conversation, quand tout à coup leur attention fut attirée par un léger bruit, très perceptible à cause du calme qui régnait autour d'eux.

Ils cherchèrent d'où il pouvait provenir; alors, en haut du mur, ils virent apparaître une tête d'homme, dont le regard inspectait les alentours, puis le corps entier, l'homme se mit à cheval sur le mur, il avait un fusil à la main, après quelques minutes d'attente, il épaula et fit feu; aussitôt un cri effroyable retentit, les gardiens se précipitèrent et virent le père Bouland qui agonisait au milieu d'une mare de sang, entre deux lapins pris au collet pendant son sommeil.

Le fossoyeur fut arrêté et condamné, quant aux lapins, des battues furent organisées et ils dispa-rurent.

Dans le cimetière Israélite trois tombes seule-ment sont remarquables; celle de Rachel est en forme de chapelle; à l'intérieur, sur une tablette figurent des objets autrefois aimés par la grande artiste, celle de la famille Rothschild est construite dans un style grandiose et simple à la fois.

A l'intérieur et au centre, sur la pierre du caveau repose une corbeille de fleurs rares, dans un coin une chaise basse, des tentures sont disposées pour atténuer la lumière du dehors ; celle de Roblés est un monument original, son fronton est orné d'une tête qui grimace sous l'étreinte de la mort ; les lèvres sont closes par un doigt qui commande le silence. Ce médaillon est une merveille de sculpture, il est du sculpteur A. Préault. Une marchande à la toilette de la rue Lamartine l'a pris comme enseigne, au-dessous est cette légende : Au silence !

Autrefois, lorsque le cimetière israélite était clos, il était fermé le samedi.

Le cimetière musulman est interdit au public il faut une autorisation pour le visiter.

Dans le cimetière Musulman, on enterre les Russes, les Turcs, les Chinois qui décèdent à Paris.

La reine d'Oude y repose avec son fils dans une petite mosquée.

On se souvient qu'elle fut mise assise dans sa bière.

IV

Le cimetière Montparnasse, situé au boulevard de ce nom, n'offre rien de pittoresque, ses dispositions sont toutes régulières; comme le Père-Lachaise il renferme un grand nombre d'illustrations, sommités du clergé, savants, poètes, soldats, artistes y dorment côte à côte du sommeil éternel.

La tombe d'Hégésippe Moreau est perdue au milieu des hautes herbes, pourtant il n'es tpoint tout à fait oublié, sur sa pierre tous les ans, à la même époque des mains inconnues déposent une magnifique couronne.

Bocage est enterré au premier rang, côté gauche,

5

massif n° 9, sa tombe ne présente rien de particulier ; il y fut déposé le 31 août 1862.

L'enterrement de Bocage eut alors un grand
retentissement. Il habitait un rez de chaussée,
boulevard Beaumarchais, dès deux heures la maison mortuaire était envahie par une foule considérable, d'acteurs, d'hommes de lettres, de journalistes et d'étudiants.

Il était déjà de mode alors de s'emparer des
cadavres pour faire des manifestations politiques,
Bocage cependant n'était rien moins que républi-
cain, mais disait-on, il avait demandé à ne pas
aller à l'église, cela suffisait pour rallier autour de
son cercueil, la clientèle ordinaire des enterrements politiques.

A l'heure fixée le corbillard des pauvres vint
prendre le pauvre Bocage, deux mille personnes
environ suivaient le convoi, arrivé devant l'église
Saint-Paul, le corbillard s'arrêta, alors ce fut une
bousculade effroyable et des cris féroces : pas
d'église, pas d'église, le cocher fut entouré et
cinq cents personnes le forcèrent à marcher, les
curieux étonnés de cette foule derrière un si
modeste corbillard se joignaient au cortège, en
arrivant au cimetière la foule était si considérable,
que la moitié des assistants n'y purent pénétrer,
la police inquiète était affolée elle croyait à la révolution, un peu plus, elle s'imaginait qu'on allait, la
cérémonie terminée, prendre les Tuileries d'assaut. Les marchands de vins du voisinage furent

seuls envahis et les seuls canons qui partirent furent ceux du comptoir de Richefeu et de l'ingénieux mastroquet qui portait pour enseigne :

Ici on est mieux qu'en face.

Dumont-d'Urville brulé lors de l'accident du chemin de fer de Versailles fut enterré provisoirement à Montparnasse, sur sa tombe un passant traça à la craie, ces deux vers.

O mon grand amiral couché sous ce *cyprès*,
Faut-il courir si loin quand la mort est *si près !*

Une colonne brisée indique la place où reposent les quatre sergents de la Rochelle, Raoulx, Pommier, Bories et Gouhier, pendant longtemps, à la Toussaint, une femme voilée apportait régulièrement un magnifique bouquet et restait agenouillée plusieurs heures, priant avec ferveur.

Un jour elle disparut sans qu'on sut qui elle était.

Norbert Ballerich repose dans un caveau de famille à côté de sa mère assassinée par Gamahut, on se souvient que cet officier de paix fut tué par un rédacteur du *Cri du peuple.*

Le monument le plus remarquable du cimetière est celui des Victimes du devoir, il a été élevé par les soins de la ville. Dans cette tombe repose côte à côte, le colonel Froidevaux, le caporal Bellet, brûlé dans l'incendie de l'ancien Opéra, le sapeur Havard et plusieurs sergents de ville.

Tous sont étroitement unis dans la mort, sans distinction de grade, comme ils l'ont été dans la vie, en combattant cet ennemi d'autant plus terrible qu'il est inconscient : le feu ; ils dorment à l'ombre de leur devise : Sauver ou périr.

C'est au cimetière Montparnasse que fut pris le soldat violateur des tombes.

On se souvient de cette horrible histoire, de ce fou qui assouvissait sa passion sur les jeunes filles fraîchement enterrées, il fut le précurseur du vampire de Saint-Ouen.

Le cimetière de Neuilly quoi qu'appartenant à la banlieue est bien parisien.

Y repose Marie Cico morte tristement à l'âge ou le succès l'attendait, sa tombe est constamment garnie de fleurs. Le printemps sur le printemps.

Le pauvre Victor Noir est sous une pierre dressée portant simplement son nom et ce mot : *Expectando*, quatre grands rosiers ornent cette tombe qui n'est guère visitée que par la famille. Que sont devenus les cent mille individus qui se pressaient derrière son cercueil et qui battirent le rappel sur son cadavre ?

Ils sont pour la plupart au pouvoir, la souscription pour lui élever un tombeau fut dévorée, sans que le voleur fut poursuivi, cela s'est passé en famille, on est indulgent dans ce monde, l'oubli a passé sur le cadavre-réclame !

Le cimetière de Saint-Ouen surnommé *Cayenne* à cause de son éloignement est un cimetière popu-

laire, les monuments y sont rares et des plus
modestes, parce que l'administration n'y accorde
pas de concessions perpétuelles. Il renferme la
tombe de Leo Lespés (Thimothée Trimm), de Farcot
le grand industriel et de la comtesse du Cayla, cette
dernière est abandonnée !

Roch le prédécesseur de M. de Paris y dort tranquille dans un coin.

Il y a quelques années un émule du vampire du
cimetière Montparnasse y fut arrêté.

Ces horribles attentats sont rares, heureusement,
depuis l'ouverture des cimetières on n'en connait
que deux. Pourtant un vieux gardien nous a
raconté l'histoire d'une violation de sépulture d'un
caractère étrange.

Avant d'être au cimetière Saint-Ouen, il était
gardien dans un cimetière d'une grande ville du
Nord. Une nuit il fut éveillé par des cris épouvantables, il courut vers l'endroit d'où ils partaient,
et à la lueur de sa lanterne, il vit une fosse ouverte,
un cadavre nu sur le sol, et deux hommes râlant
au milieu d'une mare de sang.

Voici ce qui s'était passé.

Quelques jours auparavant, un riche fermier
était mort frappé d'une attaque d'apoplexie, de
son vivant, comme il était sans enfants, il avait
appelé auprès de lui deux de ses cousins, et il leur
parlait sans cesse de la fortune qu'il leur laisserait.

Le fermier enterré, les deux cousins cherchèrent

le testament ; d'abord ils agirent d'un commun
accord, ils explorèrent toute la maison, les meubles, les coins et recoins.

Rien !

Le fermier avait donc intentionnellement caché
son testament, mais où ? Cette apparence de mystère excita leur défiance respective, chacun suppo-
sait qu'il était plus favorisé que l'autre, dès lors
une haine violente naquit entre eux.

Cependant le temps pressait, des parents éloignés accouraient, faisant valoir leurs titres à l'héritage, le juge de paix intervint et déclara qu'il
allait d'office procéder au partage.

Pour les deux jeunes gens au lieu de la fortune
rêvée c'était donc une somme dérisoire qu'ils
allaient recevoir.

A force de chercher, d'imaginer des combinai-
sons pour retrouver le malheureux testament,
l'un d'eux eut une idée. Il se souvint que le fermier
avait été enterré avec le costume qu'il portait le
jour de sa mort.

Ses poches, il est vrai, avaient été visitées déjà
avec soin, mais n'y avait-il pas dans le vêtement
quelque poche secrète, quelque cachette recélant
le précieux papier ?

Une résolution hardie lui vint : celle d'aller
déterrer le cadavre pour s'en assurer.

Il se munit d'une pioche, attendit la nuit — elle
était fort épaisse précisément — et se dirigea vers
le cimetière. En une heure il mit la bière à décou-

vert. Il fit une pesée sur le couvercle, il déchira brusquement le linceul qui couvrait le corps et avec une anxiété fébrile, il tâta la doublure du gilet.

Il y rencontra une résistance, plus de doute il avait deviné juste.

Il éventra l'étoffe d'un coup de couteau et s'empara d'une feuille de papier pliée en quatre qui s'y trouvait.

A ce moment un cri retentit à ses côtés, et un homme se précipita haletant sur le papier.

Le jeune homme avait été épié par son cousin et celui-ci avait assisté bien dissimulé à tous les détails de cette sacrilège exhumation.

Le combat s'engagea entre eux, à coup de pioche, terrible, acharné ; ils furent tous les deux blessés grièvement.

Quand ils songèrent à faire trève et s'associer pour dissimuler l'horreur de leur profanation, leurs forces les trahirent et ils tombèrent à côté du cadavre.

C'est à ce moment que le vieux gardien accourut.

Le piquant de l'histoire, c'est que le testament arraché à la terre les déshéritait. Ils devinrent fous à la suite de cette lugubre aventure.

Si les morts n'avaient pas le sommeil si dur, ils ne pourraient reposer en paix, le chemin de fer du Nord longe le cimetière, à chaque instant les trains s'entrecroisent, les locomotives sifflent et lachent des jets de vapeurs qui déchirent l'air et effrayent les oiseaux, si un train déraillait ?

Les morts n'y songent point ; les vivant déraillent sans soucis, dans les guinguettes environnantes, dont quelques-unes ont pour enseigne :

Repas de famille

Le cimetière d'Ivry surnommé : *le Champ de Navet* est affecté à toutes les inhumations de la rive gauche et à celles d'une partie de la rive droite : à partir de midi la longue avenue d'Italie qui y conduit a peine à contenir l'affluence énorme de bourgeois et d'ouvriers qui s'y rendent.

Dans ce cimetière comme dans celui de Saint-Ouen, il y a peu de monuments ; la plupart des familles riches qui se trouvent sur ses dépendances y ont leur caveau.

Au cimetière d'Ivry est annexé un enclos ; sinistre, entouré d'une palissade vermoulue, quelques planches délabrées à moitié pourries forment les battants de la porte charretière, la porte batarde, à côté, s'ouvre au moyen d'un loquet.

Une vieille femme qu'on prendrait pour une sorcière, sale, déguenillée est la gardienne de ce lieu maudit.

Des orties poussent dans tous les coins ; dans les sillons intacts des broussailles étendent au loin leurs racines, leur végétation est si puissante qu'on les arrache tous les cinq ans.

Quant une fosse est pleine, l'administration y plante un poteau indiquant la date du mois qui l'a

comblée. Une fosse est réservée aux provenances
de la Morgue.

Ce coin n'a pas de monument, par-ci par-là une
croix de bois noir, un nom, souvent un prénom
seul, la date et c'est tout.

Que de drames intimes se sont déroulés dans ce
triste enclos !

Que de larmes y ont été répandues !

C'est là où fut enterré le mystérieux Campi, la
terre n'a pas révélé son secret.

Le cimetière de Pantin-Bobigny ressemble à une
nécropole romaine,où les arbres dissimulaient aux
promeneurs, et les tombes et ceux qui pleurent
leurs morts.

Au lieu d'offrir l'aspect d'une plaine désolée
comme le cimetière de Saint-Ouen, l'immense parc
funéraire est sillonné de larges allées encadrant
de nombreux carrés bordés par des plantations
autour des tombes.

Ces plantations proviennent de terrains dont les
concessions dans les divers cimetières étaient
expirées, les carrés voisins de l'entrée principale
sont réservées aux concessions trentenaires, les
concessions temporaires sont mises à la suite.

Une amélioration importante est à signaler; sans
supprimer complètement la fosse commune, il est
attribué à chaque corps inhumé un emplacement
moins parcimonieusement aménagé et suffisant
pour y poser un entourage avec accès des pieds à
la tête.

5.

Vers le côté Sud, il existe neuf corps de bâtiments.

Cinq portes donnent accès dans le cimetière, la principale entrée ouvre sur la rue d'Allemagne.

L'administration pour rendre le cimetière tout à fait gai a l'intention d'y établir un tramway circulaire. Pourquoi pas de petites calèches traînées par des chèvres, un guignol, quelques chevaux de bois, des montagnes russes et un tir à la carabine?

Ce serait complet!

Le cimetière de Bagneux ouvert le 8 novembre 1887 a une étendue de soixante-huit hectares; il est situé entre la route stratégique, la rue de Bagneux, la commune de ce nom, et la route de Châtillon.

Ce qui frappe tout d'abord, en y pénétrant, c'est l'aspect géométrique des diverses divisions. Là, rien d'imprévu, aucune courbe, si ce n'est pour trois ronds-points que divisera l'entrée principale. Les divisions au nombre de soixante, forment des coins parfois bordés de petits talus plantés d'arbres verts ou d'arbrisseaux à fleurs.

C'est un cimetière botanique, à l'exception de l'avenue centrale, qui porte le nom d'avenue principale, toutes les autres voies portent les noms des arbres qui les bordent. C'est ainsi qu'il y a les avenues des Ormes, des Sorbiers, des Acacias, des Marronniers d'Inde, des Catalpas, des Mûriers, des Noyers d'Amérique, etc., etc.

En outre, de petites plaques émaillées indiquent les noms des arbustes et des plantes, en latin et en français, absolument comme au Jardin des Plantes. Bien des visiteurs seront certainement surpris de constater qu'ils ont sous les yeux des échantillons de : *deutzia crenata, tamarix tetrandra, eliegnus reflexa, forsythia, viridissima, hibiscus sgriacus*, etc., noms latins de la deutzie crénelée, du tamarix à quatre étamines, du chalet à rameaux réfléchis, de la forsythie verte, de l'althéa de Syrie à fleurs rouges pleines, etc.

Il convient de dire que la façon dont ces plantations sont disposées en bordure des différentes divisions aura ce résultat de masquer et d'abriter derrière les fleurs et le feuillage les diverses sépultures et de poétiser ainsi le dernier abri des morts.

Douze gardiens ont la surveillance de ce cimetière ; ils sont logés de la façon suivante : quatre d'entre eux dans les deux pavillons construits à la porte de Sceaux ; quatre à la porte de Fontenay, où se trouvent également deux pavillons jumeaux ; deux à la porte de Bagneux et deux à la porte principale, sur la route stratégique, où se trouve aussi le pavillon réservé au conservateur et au receveur.

Le cimetière de Bagneux, comme celui de Pantin, comporte trois grandes divisions : celle des fosses communes, celle des concessions de cinq ans et celle des concessions trentenaires.

Les cimetières de Paris sont soumis à des règles particulières comprises dans l'ordonnance du 6 février 1843.

Pour les visiteurs des cimetières, les principales défenses sont :

D'amener des chiens, d'entrer avec des paquets, de fumer et de toucher aux fleurs, aux couronnes et à plus forte raison de les emporter.

Le code pénal de 1810, article 358 et suivants punit les infractions concernant les inhumations.

Les portes des cimetières parisiens sont ouvertes au public :

Du 1er février au 28 février, de sept heures du matin à cinq heures et demie du soir ;

Du 1er mars au 31 mars, de sept heures du matin à six heures du soir ;

Du 1er septembre au 30 septembre, de six heures du matin à six heures du soir ;

Du 1er octobre au 31 octobre, de sept heures du matin à cinq heures et demie du soir ;

Du 1er novembre au 31 janvier, de huit heures du matin à quatre heures et demie du soir.

Les morts ont, au budget de la ville de Paris, des chapitres réservés en recettes et dépenses; et ce ne sont pas ceux qui procurent les moins gros revenus.

Le produit du montant total des concessions pour sépultures perpétuelles et trentenaires s'élève annuellement à 1,350,000 francs ; celui des sépultures temporaires à 920,000 fr.; les droits de seconde ou ultérieure inhumation à 165,000 francs.

D'après les tarifs arrêtés, le prix des concessions perpétuelles est ainsi fixé : pour les deux premiers mètres 700 ; pour les deux mètres suivants, 1,000. Au delà de quatre mètres jusqu'à six mètres, 1,500 francs ; au delà de six mètres, 2,000 francs.

Pour la première fois, cette année (1888), les familles peuvent acquérir des concessions trentenaires, dans les deux nouvelles nécropoles de Pantin et de Bagneux, au prix de 350 francs.

Comme recettes, on trouve encore au budget 1,639 francs de rente légués à la Ville pour entretien de tombes.

Aux dépenses, la Ville inscrit 34,000 fr. pour le traitement de 6 médecins-inspecteurs chargés de la vérification des décès, et des 6 facteurs chargés de recueillir, dans les mairies, les listes de décès.

Le traitement annuel de 155 agents des pompes funèbres, inspecteurs, ordonnateurs, porteurs, atteint, au total, 325,000 francs.

Le service du contrôle, qui comprend 7 fonctionnaires, coûte 30,600 francs, et le service de la conservation, qui réunit 177 conservateurs, sousconservateurs, régisseurs, brigadiers, gardes, concierges, réclame annuellement 349,200 francs.

125 fossoyeurs sont occupés à creuser les fosses ; les chefs-ouvriers ont six francs par jour et les ouvriers cinq francs.

Conformément aux décrets des 23 prairial an XII, du 4 novembre 1859, il est alloué à l'administration des pompes funèbres sur les fonds de la ville de Paris, une somme de cinq francs pour chaque inhumation ordinaire ordonnée par les mairies. Cette redevance coûte annuellement environ 286,000 francs à la Ville.

En résumé, si l'on compte bien, on trouve que le budget de la Ville obtient une recette provenant des cimetières qui s'élève à trois millions et demi, tandis que ses dépenses n'atteignent pas deux millions.

En 1816, on comptait à Paris quatre cimetières : ceux du Père-Lachaise, Montmartre, Clamart et Vaugirard.

On en compte actuellement dix-neuf fermés pour la plupart, et dont les terrains sont évalués par le Domaine municipal à plus de 40 millions.

Toujours intelligents et heureux de plaire à la population parisienne, les membres du conseil municipal ont songé ces temps derniers à supprimer les *concessions perpétuelles* pour leurs substituer les *concessions trentenaires*, cette mesure fut prise en considération, mais ajournée à une époque ultérieure, nous vous donnons en mille pour deviner les causes de cet ajournement.

Les marbriers convoqués par la commission du conseil déclarèrent que l'adoption de cette mesure léserait leur intérêt pour la construction des monuments funéraires ?

C'est grand comme le monde.

Ainsi, sans les marbriers, au bout de trente années, les concessions si elles n'étaient pas renouvelées seraient reprises, les tombeaux des illustres, rasés, expropriés, chassés, leurs ossements jetés dans une fosse commune, l'ancienne République guillotinait Lavoisier parce qu'elle n'avait pas besoin de célébrités, la nouvelle renchérit sur la bêtise de ses aînés.

Les concessions perpétuelles font vivre des milliers d'individus, les monuments que les familles font construire, font de nos trois grands cimetières pour ainsi dire trois grands musées, pas un étranger ne vient en France sans aller les admirer, il s'incline devant les noms illustres qui dorment là ; qui ont été la gloire de la France dans le passé et seront dans l'avenir, la manifestation la plus éclatante de son génie.

Le conseil municipal dans sa haine de tout ce qui est grand, noble, beau, généreux, charitable, veut tout annihiler ; il chasse les sœurs, même des cimetières, de temps immémorial elles avaient une concession à perpétuité, il la leur retire, est-ce que les enfants ont besoin d'honorer la charité, le dévouement, l'abnégation et de savoir où reposent celles qui leur ont appris à bégayer aux Enfants-Trouvés ou leur ont, à l'âge d'homme, fermé les yeux en leur faisant, par une parole de consolation et d'espérance oublier leur vie de misère.

Certes c'est un grand crime !

Ah ! nous comprenons qu'ils ne veulent pas de
monuments, la glorification des grands est une
injure à leurs petitesses.

VI

*Origine du repas des funérailles. — Nous avons du bon lapin
sauté. — Manger du pain et du fromage. — Un père pratique. — Chacun la sienne. — La chanson du cimetière.
— Une partie de plaisir. — Des économies à quatre sous la
livre. — Une ménagère qui trinque sans boire.*

L'origine des repas de funérailles est très ancien
Pierre Muret a donné en 1682 un traité des festins
dans lequel il dit : — il aurait été admis que, pendant un certain intervalle, entre la mort d'un propriétaire et l'entrée en possession de ces héritiers,
la communauté pourrait jouir des fruits. Puis, la
chose aurait été restreinte à un repas copieux,
puis, le souvenir du motif se perdant, et, ce repas
se combinant avec la cérémonie des funérailles, il
aurait été offert pour tout décès, qu'il fut ou non
cause d'héritage.

Les Parisiens, lorsqu'ils accompagnent un mort
au cimetière, s'occupent fort peu s'il y a héritage
ou non ; aussitôt la cérémonie terminée, ils s'empressent de se rendre chez les marchands de vins,
qui, en grand nombre, avoisinent les cimetières.

Les marchands de vins, se tiennent sur le seuil
de leur porte, souriant, la serviette sous le bras,

ils appellent les clients : — Par ici, vous serez bien servis, nous avons du bon vin, jambon et saucisson ; lapins sautés.

La foule s'engouffre dans les boutiques, s'assied, boit, mange, chante, et du mort il n'en est plus question, la famille oublie ses larmes, et si à la fin du repas elle en verse, ce n'est pas par tristesse, c'est par ivresse.

Une locution populaire est en usage pour désigner ces agapes : manger du pain et du fromage ; mais ce n'est qu'une figure, car le fromage n'y remplit pas le rôle principal.

C'est surtout aux enterrements civils que ces réunions prennent un caractère bachique, le vin est meilleur que l'eau bénite, d'ailleurs les assistants se préparent en route, car elle est longue.

Ces temps derniers une *comète* portait au cimetière Saint-Ouen un petit garçon d'un an, le père qui était ivre, suivait en titubant les deux croque-morts, derrière, marchaient une vingtaine d'amis des deux sexes tous légèrement « éméchés ».

Arrivés au cimetière, entre deux hoquets le père prononça le discours suivant :

— Adieu, mon fils, adieu, citoyen, car tu étais un citoyen de l'avenir — pas baptisé ! maintenant, tu es retourné au néant, car il n'y pas d'âme... Fais de l'engrais, il en faut pour le bon vin !

Comme à la noce, chacun chante la sienne ; ce sont généralement des chansons de circonstances, en voici une :

LE CIMETIÈRE

Il faut mettre de la gaîté
Dans une chansonnette,
Si l'on veut en société,
Que chacun la répète.
J'approuve beaucoup cet avis ;
Pour entrer en matière
Je veux pour cela, mes amis,
Chanter le *Cimetière.*

Les hommes y sont tous heureux :
Là, jamais de tristesse ;
La paix règne toujours entre eux,
Point de rang, de richesse;
Là on n'admire point un sot,
Un fat, un petit maître ;
Enfin les hommes en un mot
Sont ce qu'ils devraient être.

Vous savez bien, mes bons amis,
Qu'en perdant la lumière
Un jour nous serons réunis
Tous dans le cimetière ;
Mais ne tremblez point en pensant
A cette heure funeste,
Il faut qu'on y soit bien, vraiment,
Puisque chacun y reste !

O vous, enfants, du vrai plaisir
Amants de la Folie
O vous qui ne savez jouir
Qu'en grande compagnie !

N'abandonnez point la gaîté
   En perdant la lumière;
La plus grande société
   Est dans le cimetière.

Mon sujet, enfant du hasard
   Ne prête pas à rire
Aussi, faut-il parler sans fard
   Je ne savais que dire.
Le cimetière semble offrir
   Pourtant quelque avantage ;
Mais est-on jaloux de remplir
   Ce sujet à mon âge ?

Un enterrement est une partie de plaisir, une partie de rigolade et bien des marchands de vins ne doivent leur fortune qu'à la coutume populaire : de manger du pain et du fromage.

Lorsque les barrières existaient, avant 1862, les ouvriers n'avaient qu'à franchir le mur d'enceinte pour se trouver hors Paris, immédiatement, le vin baissait de quatre sous par litre, plus ils en buvaient, plus ils économisaient, cette perspective de se saouler à bon marché était tentante, aussi les convois réunissaient de nombreux assistants.

— Un tel est mort, disait-on à l'atelier, allons-nous à l'enterrement ?

— Mais je ne le connais pas !

— Viens donc tout de même, nous écraserons un *grain* (boire un coup), il y a du bon *pivre* (vin) à *la Potence* et de bonnes « frites » chez la mère Marque-mal.

Puis, de stations en stations, les camarades rentrent chez eux, la ménagère gronde et elle « trinque » sans boire.

Quand au mort il n'en est plus question.

———

VII

Le fossoyeur est facile à recruter, mais il ne
s'accoutume pas facilement à sa lugubre besogne :
ce sont pour la plupart des paysans venus à
Paris croyant y trouver la fortune ; on sait qu'en
province, le soir, on évite autant que possible de
passer le long des cimetières ; creuser une fosse,
manier des cercueils, c'est considéré comme le
dernier des métiers.

Je me souviendrai toujours du premier enterrement auquel j'assistai, dit un jour un fossoyeur à
un de nos confrères. J'avais creusé la fosse dès le
fin matin, et je me tenais un peu en arrière avec

mon camarade, prêt à la combler dès que le prêtre
aurait dit les dernières prières. Le corbillard
arriva en cahotant, puis une voiture de deuil d'où
descendirent un monsieur jeune encore et quatre
petits garçons dont l'aîné avait dix ans à peine ;
quatre garçonnets vêtus de noir, tête nue, la
figure bouleversée, avec des traces de larmes sur
leurs pauvres joues pâles. Ils se rangèrent au
long de la fosse, le père serrant la main de l'aîné.
Les croque-morts empoignèrent le cercueil, reje-
tèrent le drap noir et l'apportèrent déjà ficelé de
cordes au-dessus de la fosse. Le curé marmotta
vivement son latin, jeta une pelletée de gravats
sur les planches de chêne, les aspergea, puis
s'éloigna. Quand le cercueil commença à s'enfoncer dans le trou noir, en rabotant les cailloux, le
visage du père se contracta, et des sanglots
pareils à des hoquets le prirent à la gorge ; ses
lèvres se tordaient sans pouvoir prononcer une
parole, et c'était navrant. Les quatre mioches
poussaient des cris ; ils appelaient « maman !
maman ! » et pleuraient toutes leurs larmes...

Le cœur me manqua, continua le fossoyeur. Je
devins aussi blême que le père. Je pensai à mes
cinq *gosses* et à ce qu'ils deviendraient si leur mère
venait à me manquer, comme cette jeune femme
qu'on descendait dans la fosse. Mes jambes flageo-
lèrent, et je faillis me trouver mal, tandis que les
croque-morts écarquillaient les yeux et riaient en
dessous, à la vue de ce fossoyeur qui n'avait pas

LA TOMBE DU PETIT COUSIN?

6

plus d'estomac qu'un poulet... Il me fallut me vio-
lenter pour aider mon compagnon à combler la
fosse, et quand ce fut fini, je fis tellement pitié au
camarade qu'il me conduisit chez le *mastroquet* et
me réconforta d'un demi-verre d'eau-de-vie de
marc.

Le soir, en rentrant chez moi, j'étais si dégoûté
du métier, que je me disais : — Macquart, mon
garçon, en voilà assez !... Vivre toute la journée
au milieu des cercueils, entendre les geignements
des pauvres diables à qui la *camarde* enlève les
créatures qu'ils aiment, ce n'est pas une vie...
Revenons-nous en au pays !

J'annonçai mon intention à ma femme ; mais la
bourgeoise n'entendait pas de cette oreille-là.
C'est une gaillarde qui n'a pas froid aux yeux et
qui ne plaisante pas, quand il s'agit d'assurer la
becquée à ses petits. Elle me répondit vertement
que je l'avais forcée de venir à Paris, et que, maintenant que j'avais une place, il fallait m'y tenir.
Elle me fit honte de ma faiblesse, me traita de
flémard et de poule mouillée ; bref, pour avoir la
paix, je repris mes outils et je rentrai au cimetière. N'empêche que pendant plus de huit jours,
je ne pus retrouver l'appétit. Quand je mangeais
un morceau, il me semblait que c'était la terre du
cimetière que je tortillais dans ma bouche.

On se fait à tout. Maintenant j'ai six ans de service et je suis devenu solide au poste. Mais savez-
vous ce qui m'a endurci et redonné du tempéra-

ment? C'est toutes les comédies dont j'ai été
témoin autour des fosses que j'avais creusées. S'il
y a des gens qui versent de vraies larmes, il y en
a diantrement, allez, qui ne pleurent que pour la
galerie et se moquent des morts comme des
vieilles lunes. En ai-je vu, bonté ! des fils, des
pères et des maris qui se tamponnaient les yeux
devant les amis et connaissances, et qui rengai-
naient leur douleur, dès que la compagnie avait le
dos tourné !... Il y en a, monsieur, qui se dis-
putent sur la succession, avant que la terre soit
seulement tassée sur le défunt. La vue de toutes
ces vilenies m'a débarrassé de ma sensibilité, et,
maintenant je suis cuirassé comme les camarades.

Le fossoyeur est généralement honnête, souvent
en exhumant les cadavres non relevés, au bout de
six ans révolus et dont les ossements doivent être
enfouis plus profondément, ils trouvent des bijoux, une alliance qui est restée au doigt de la
morte, une petite croix d'or, ils remettent pré-
cieusement le tout au conservateur du cimetière ;
c'est une légende que celle des fossoyeurs qui
vendaient les dents des cadavres aux dentistes.

Dans son roman des *Nuits du Père Lachaise*,
Léon Gozlan raconte l'histoire d'un fossoyeur qui
vient la nuit voler les bijoux d'une femme, mais
l'imprudent a oublié qu'un fil correspond du bras
de la morte à une sonnette fixée sur la tombe, le
voleur la fait tinter, et il meurt sur la tombe frappé
par la peur.

Il y a une quinzaine d'années, un fossoyeur d'un des cimetières de Paris, exerçait en même temps l'état de menuisier ; il s'introduisait la nuit dans le cimetière et en exhumait les cercueils nouvellement enfouis. Après en avoir retiré les cadavres, il emportait le bois, qui lui servait à confectionner des meubles.

A la suite d'une querelle de ménage, la femme du fossoyeur, pour se venger des mauvais traitements qu'il lui faisait subir, révéla la conduite criminelle de son mari. Le commissaire de police fit une visite domiciliaire et saisit la bière d'un enfant qui avait été enterré la veille ; il saisit également un grand nombre de cuillères et de fourchettes propres à assaisonner la salade.

Ce fossoyeur était doublement criminel : il encourageait les mediums et les spirites à nous faire croire que les meubles gémissaient et pouvaient parler.

Là, peut-être est l'explication de la table tournante, table construite avec la bière d'un avocat, imprégné de son sujet, elle ne pouvait faire autrement que de parler.

Voyez-vous d'ici un gendre achetant à ce fossoyeur intelligent un buffet garde-manger fabriqué avec le cercueil de sa belle-mère !

Le peintre Lambron a immortalisé les croque-morts dans un tableau qui obtint un immense succès au salon de 1861.

La scène se passe dans une de ces guinguettes.

6.

en plein vent qui se groupent sur les boulevards excentriques dans le voisinage des cimetières et qui ont pour consigne : *A la Consolation ;* sous une tonnelle rabougrie, une longue table côtoyée de bancs divise transversalement l'espace, et, sur le sol blanchâtre, les poteaux d'une balançoire se profilent comme les montants d'une guillotine.

Un peu plus loin un jeu de tonneau diversifie le paysage. Tout cela est d'un ton neutre, blafard, livide, malade, admirablement approprié pour faire ressortir la compagnie choisie qui est là.

Ce sont des cochers de corbillards, des croquemorts qui se sont abattus comme une nuée de corbeaux dans la guinguette en question.

Les uns déjà attablés, sablent le petit bleu, les autres regardent jouer au tonneau ; ceux-ci vus de dos et appuyés familièrement l'un sur l'autre, semblent causer d'affaires.

Deux fumeurs allument leur pipe, fourneau contre fourneau, avec des façons de gentlemen.Un galantin badine gaiement avec la servante du logis et cherche à lui enlever un litre qu'elle presse contre son sein. Un cocher farceur commet cette spirituelle plaisanterie de coiffer jusqu'aux épaules, un petit garçon de son tricorne. Cet autre a ôté son habit pour être plus alerte, et, debout, de profil, tout soucieux, il offre une poignée de main à un cocher de première classe tout galonné d'argent, ganté de gants de coton, qui reçoit avec uné gravité un peu gourmée cette marque d'amitié de son subalterne.

Un jockey est mêlé à cette troupe funèbre qui se divertit avec une bonhomie sinistre.

Le croque-morts n'est pas ennemi de la gaité, il a une grande dose de philosophie, qui de nous ne les a rencontrés dans la rue, s'en allant en causant, les mains dans les poches, à la maison mortuaire ; autrefois, les croque-morts portaient la bière et plus d'une fois, on les vit en chemin, entrer chez le marchand de vins, déposer à sa porte le *paletot de sapin* et jouer une partie de tourniquet sur le zinc, aujourd'hui il n'en est plus de même, ce funèbre colis n'est plus promené à travers Paris, il est transporté en voiture fermée, au logis du mort, quelques heures avant l'inhumation, suivant la décomposition du cadavre.

En les voyant passer tout de noir habillés, le chapeau incliné sur l'oreille, la plaque au côté, le passant s'écarte instinctivement, c'est qu'ils ont une façon de vous regarder qui vous donne froid dans le dos, ils semblent vous prendre mesure et vous dire :

— Ne fais pas le malin ton tour viendra.

Il est rare de rencontrer un croque-morts seul, ils voyagent deux à deux et souvent quatre, ils devisent joyeusement du pourboire probable, ils calculent ce qu'il représentera de chopines ou de petits verres.

— Nous changerons de mastroquet, dit l'un

d'eux, il mouille son vin avec du sirop de macchabés. ,

— Ah! moi j'ai les reins cassés, dit un autre, le gros d'hier était rudement lourd et cent sous pour quatre !

— Comme tu as l'air joyeux, dit un troisième au quatrième, est-ce que tu as levé la marchande de couronnes; c'est une première classe, je l'ai rencontrée hier aux Folies-Bergère, mince de panaches !

— Et toi, répond un quatrième, je te conseille de blaguer, tu déshonores le métier, tu te fais entretenir par la marchande de frites et tu lui fournis les vieilles planches de cercueil pour faire cuire ses pommes de terre, un peu plus tu dégraisserais les morts pour lui remplacer son saindoux.

Tout en causant ils arrivent au logis du mort, aussitôt ils se transforment, ils prennent un air grave et digne, ils descendent le cercueil, ils le chargent, arrangent les draperies, les couronnes, les fleurs, puis ils prennent la tête du défilé et le cortège se met lentement en marche.

C'est en route que le croque-morts a conscience de son importance, d'un geste impérieux, presque royal, il commande aux voitures de s'arrêter, malheur aux cochers récalcitrants.

Pendant la cérémonie à l'église, ils vont dire la messe à seize sous le litre... la cérémonie terminée, ils se hâtent de sortir du cimetière, ils s'em-

busquent au coin d'une porte, et aussitôt qu'ils
voient arriver la famille, l'un d'eux se détache,
le chapeau à la main et lui dit d'une voix dolente :

— N'oubliez pas les croque-morts !

La famille donne ce qu'elle peut.

Les autres croque-morts qui attendent et qui ne
perdent pas de vue le quémandeur se précipitent
sur lui ; dame, il pourrait effaroucher la galette !

— Combien que t'as ? disent-ils en chœur.

Il ouvre la main, cris de fureur ! Quarante sous,
on nous a posé un lapin !

Le cocher du corbillard, du haut de son siège a
suivi la scène des yeux ; aussitôt que ses camarades arrivent vers lui il s'empresse de descendre,
et réitère la question :

— Combien ?

— Ça fait huit sous chacun, dit le plus ancien,
la belle foutaise pour trimballer un refroidi de
l'hôpital Tenon à Pantin : allons les boire.

Et tous s'en vont à *la Consolation*, où la famille
arrive peu à près, ils boivent, les têtes s'échauffent,
et un croque-mort récite les vers de Paul Lheu-
reux :

> L'affaire une fois dans le sac
> Et clic et clac,
> La besogne de la journée
> Bien terminée
> A table, nous nous la rinçons,
> En bon garçons,

> Nous buvons à la clientèle,
>   Toujours mortelle,
>   Aux bronchites, congestions
>   Et fluxions.
> Nous trinquons à la typhoïde,
>   Souvent rapide,
>   A la vérole, au choléra
>   Et cætera.

Les croque-morts se permettent parfois des fumisteries macabres.

Un jour l'administration des pompes funèbres reçut une lettre lui annonçant qu'un colonel d'artillerie en garnison à Châlons-sur-Marne, venait de décéder dans cette ville, mais que ses obsèques devaient avoir lieu à Paris, la direction des pompes funèbres était priée d'envoyer à la gare de l'Est, à l'arrivée du fourgon contenant les restes de l'officier, un corbillard de 3° classe, orné de drapeaux, des voitures de deuil, enfin un service complet.

Au jour indiqué l'administration exécuta de point en point les instructions contenues dans la lettre, et quelques minutes avant l'arrivée du train de Châlons, un corbillard luxueux, surmonté de panaches et traîné par des chevaux caparaçonnés et plusieurs voitures de deuil, s'arrêtaient devant la gare de l'Est au milieu d'une foule de curieux.

Cependant le train arriva en gare ; pas de fourgon funèbre.

Le maître des cérémonies pensant qu'un retard

s'était produit à cause des formalités à remplir, et que le corps arriverait par le prochain train, une heure plus tard, se décida à attendre.

La foule augmentait et se pressait, les commentaires allaient leur train.

Une heure se passa, le second train arriva en gare, l'ordonnateur des pompes funèbres se précipita sur le quai, cette fois encore pas de fourgon.

Enfin on finit par où on aurait dû commencer, on télégraphia au chef de gare de Châlons, qui répondit qu'aucun officier n'était décédé dans cette ville et qu'aucun fourgon n'avait été commandé.

Plus de doute, on se trouvait en présence d'une mystification de mauvais goût, et le convoi, au lieu de se diriger vers le cimetière du Père-Lachaise où un caveau provisoire avait été retenu par les soins de l'administration, retourna au dépôt d'Aubervilliers, à la grande stupéfaction des badauds.

L'auteur de cette farce était un croque-morts renvoyé par l'Administration des pompes funèbres.

Il y a quelques années, l'Administration des pompes funèbres avait établi ses magasins rue Bichat ; étrange anachronisme, Bichat, le grand Bichat, le célèbre médecin qui a laissé un nom si glorieux dans les sciences, l'auteur immortel du livre : *La vie et la mort,* avait donné son nom à la rue choisie par ce lugubre entrepôt.

Dans la rue Corbeau, en face de l'endroit où

étaient situés les pompes funèbres, il existait une
maison dont le rez-de-chaussée était occupé par
une boutique dont l'extérieur était, ma foi, très
réjouissant.

Devant la porte d'entrée, un grand comptoir,
plaqué de marbre noir, supportait des brocs polis
et luisants.

A la vitrine, on voyait des bouteilles au col
allongé ou ventrues, fraîches rincées ou moussues,
projetant au soleil ou à la lumière du gaz mille
éclairs, produits par le liquide qu'elles contenaient,
elles étaient toutes bariolées d'étiquettes diverses;
tous les vignobles de France étaient représentés,
depuis le vin du Rhin jusqu'au gros bleu; question
d'étiquette.

Ces bouteilles scintillantes attiraient l'œil, fasci-
naient le consommateur, qui se sentait attiré vers
elles, comme l'oiseau charmé par le serpent.

Ce marchand de vin avait pour principaux
clients, messieurs les porteurs, connus vulgaire-
ment sous le nom de croque-morts.

Pourquoi cette dénomination ?

Nul ne le sait.

Combien de fois ce marchand de vin a du frémir
en entendant ces hommes noirs se faire leurs con-
fidences, en savourant le petit canon d'amitié sur
le comptoir; il doit être philosophe, celui-là, il
doit être habitué à l'image de la mort, car il a pu
réfléchir à son aise sur la mobilité des choses
humaines; il était impossible de passer devant

cette boutique sans y voir des croque-morts debout
devant le comptoir, causant joyeusement et buvant.

Les croque-morts boivent beaucoup.

Est-ce pour noyer leur sensibilité ?

Est-ce afin d'être calmes, fermes, stoïques quand
ils vont dans une maison, chez la veuve en larmes
ou chez la mère éplorée, demander où est le
cadavre ?

Cette question n'est pas résolue, mais les croque-
morts sont des hommes tout comme les autres ;
ils ont leur dose de sensibilité, et ils boivent pour
probablement oublier leur lugubre besogne. Malheureusement, quand l'ivresse n'est pas à son apo-
gée, au lieu de faire oublier, elle ravive le souvenir ; l'alcool fermente au cerveau de l'homme et
pour un instant les idées s'élucident, alors le
croque-mort boit encore ; il faut oublier, parbleu ;
là il devient folichon et, devant le comptoir, il
entame la fameuse chanson, elle est du reste de
circonstance :

> Monsieur le Mort laissez-vous faire,
> Il ne s'agit que du salaire.

Tous les ans, le 2 novembre, ceux qui ont la religion des morts, et ils sont nombreux, vont pleurer
et prier au cimetière ; les croque-morts, au lieu de
pleurer, se réjouissent, c'est leur fête.

Ils se réunissaient chez le marchand de vin dont
nous venons de parler ; ce ne sont pas les larmes
qui coulaient c'était le vin.

7

Le banquet avait lieu dans la salle du bas ; tout était en harmonie dans cette maison, on ne buvait que du vin cachet noir ; les tables de marbres étaient noires tout comme les hommes.

Quand aux femmes (car les femmes étaient admises) elles étaient de toutes couleurs ; une fois installés les convives pour être plus à l'aise, ôtaient leurs habits et leurs chapeaux ; pas de vestiaire, tout pendait dans la salle, accroché aux porte-manteaux. Cet étalage faisait frissonner.

Ils étaient tous à table, cent cinquante environ en manches de chemises, retroussées jusqu'au coude, assis sur des chaises de paille.

La table était plantureusement servie, le bœuf aux choux et le petit salé, remplaçaient les hors-d'œuvre ; en fait de gibier de l'oie aux marrons et de la salade de chicorée, avec beaucoup de chapons empoisonnant l'ail.

Ils étaient galantins, ce jour-là, les croque-morts, ils mangaient une portion de leurs pourboires de l'année.

Allons, la payse, mettez cette épingle à votre châle. Cette épingle, c'était un demi-setier de gros bleu que la payse avalait sans sourciller.

Vers sept heures, le diner commençait, on aurait entendu voler un mouchoir ; les fourchettes, les machoires, les couteaux fonctionnaient et faisaient merveilles, tout comme les chassepots de M. de Failly à Mentana.

Les brocs succédaient aux brocs et ne séjour-

naient pas longtemps sur la table, les vins étaient
rapidement enterrés dans la fosse commune de
leur estomac. Au dessert, mesdames les ensevelisseuses qui étaient aussi de la partie égayaient
la situation en chantant le répertoire en vogue ;
Ohé les petits agneaux, le *Pied qui remue*, et surtout
la *Lisette de Béranger*,

Dans un grenier qu'on est bien à vingt ans

car l'ensevelisseuse est sentimentale.

Si les croque-morts boivent sec, ils ne trinquent
jamais à la santé de personne, parce que la santé
est pour eux une ennemie mortelle. C'est le chô-
mage forcé.

Celui qui boirait à l'immortalité serait chassé de
la société comme un lépreux.

Les fossoyeurs sont l'élément remarquable de la
réunion, ils ne font pas la cour à mesdames les
ensevelisseuses, ce sont des êtres à part, ils
n'écoutent rien de ce que l'on dit, parce qu'ils ne
croient à rien.

Ils sont sceptiques autant que Voltaire, ils le
sont devenus, à force d'enterrer leurs semblables,
et voir l'attitude des assistants, fils, filles, frères,
veuves, neveux.

Ils ne croient plus à rien, parce qu'ils ont trop
entendu d'oraisons funèbres, où l'on qualifiait
d'honnêtes gens des gredins qui, de leur vivant,
ne valaient pas un bout de corde, où l'on exaltait

comme des Rubens ou des Raphaël, de misérables
barbouilleurs dont le seul mérite était d'avoir eu
l'épine dorsale assez souple pour faire partie d'une
académie quelconque.

Ceux qui font la fosse commune sont plus
tendres, plus larmoyants, que ceux qui font la
fosse à part, ils ont plus de douleurs véritables, et
plus d'une fois l'un d'eux a, à sa sortie d'un cimetière, emmené dans sa pauvre maison l'orphelin
dont il venait d'enterrer l'unique soutien.

Tiens, femme, disait-il en rentrant, mets un
couvert de plus, quand il y en a pour deux, y en a
pour trois.

Ceux qui font la fosse à part ont une teinte de
littérature, ils l'ont attrapée au contact des bénis-
seurs patentés qui ne manquent à aucun convoi
huppé, les fossoyeurs ont retenu par-ci, par-là, un
mot, une phrase, une pensée, ils ont classé le tout
dans leur cerveau et à l'occasion ils causent volon-
tiers.

Ce repas durait environ trois heures, ces messieurs n'étaient pas pressés, la pratique, comme
ils disaient, peut attendre.

D'ailleurs, la mort accomplit sans cesse sa
besogne, et demain il sera temps.

A la dernière heure, ce n'était plus un repas,
c'était une orgie, le plafond de la salle tremblait
sous le bruit des trépignements et des bravos fré-
nétiques, prodigués à mesdames les enseveli-
seuses, les sirènes de céans, qui chantaient en

chœur à tue-tête, chaque couplet était arrosé et bissé, et chaque demi-setier avalé appelait un couplet.

Ça aurait pu aller longtemps ainsi.

Pourtant, tout a une fin : les enfants tombaient dans un coin, barbouillés de sauce et dormaient dans les plats, une carcasse d'oie pour oreiller. Ça les habituait aux cadavres.

Les chiens hurlaient et se battaient pour les os, c'était un vacarme infernal, chacun parlait sans entendre son voisin, le vin s'épanchait à flots, en taches livides sur les nappes, la fumée de cent pipes obscurcissait l'air et chargeait l'atmosphère d'une odeur âcre et nauséabonde qui blessait la vue et prenait à la gorge.

Peu à peu les convives roulaient sous la table.

A ce moment, un fossoyeur, vrai type du fossoyeur d'Hamlet, montait sur la table et réclamait entre deux hoquets, l'attention de ceux des convives que le vin n'avait pas terrassés.

A la porte! criaient les convives ; à boire! à boire! hurlaient les femmes.

Vous avez tort de ne pas vouloir m'écouter, disait l'orateur ; vous avez tort, je ne veux boire à la santé de personne, écoutez-moi donc ; je veux boire aux assassins, aux bourreaux. Il est naturel de porter un toast à la santé de ceux qui nous donnent de la besogne toute l'année.

Oui, oui, buvons à la santé de toutes les maladies, à la santé du choléra.

Je veux boire à la santé des médecins...

Tu insultes nos meilleurs fournisseurs ! (ce toast était porté avec un entrain fort remarquable.)

Un autre fossoyeur réclamait le silence pour porter un second toast.

Ce fut un tumulte épouvantable, enfin il put commencer.

Je bois à la patrone ! — la patrone fait comme le vin, elle console et endort, c'est une rude travailleuse, l'orbite n'a pas de prunelle, mais il voit clair, il sait où aller et ne se trompe pas. La patrone fauche les hommes comme le paysan les seigles murs, c'est autant de besogne pour nous qui mettons en grange, nous sommes les engrangements de la mort.

Je bois à la patrone !

L'orateur s'interrompit tout à coup ; il pressa sa tête comme un citron pour en tirer la substance. Enfin, l'inspiration lui faisant défaut, il s'arrêta net : tout le monde s'était endormi et ronflait à qui mieux mieux.

L'orateur alors regarda la foule qui était à ses pieds, puis avec un geste superbe, antique, solennel, il s'écria.

Margaritas ante porcos.

Tous les ans, à pareille époque, une réunion semblable avait lieu. Où se tient-elle maintenant.

Il est mort, il y a quelques mois, un spécialiste qui avait su se créer un genre à part ; les fossoyeurs l'avaient baptisé :

Le Monsieur du cimetière.

Il avait pour spécialité le mot de la fin.

C'est lui qui faisait du *parlage*, autrement dit le discours d'adieu.

Si peu qu'un homme connu, écrivain, poète, peintre, artiste dramatique, peu importe, vint à trépasser, on courait vite chercher notre homme, il arrivait sur le bord de la fosse célébrer les vertus du défunt, dans une prose plus ou moins attendrie; si la famille était généreuse, il allait jusqu'aux larmes; si elle payait sans compter, il allait jusqu'à l'évanouissement.

Vers 1883 mourut un homme dont toute la vie s'était écoulée dans l'obscurité la plus profonde, et qui n'avait aucuns droits à la plus petite fleur de rhétorique.

Le spécialiste n'avait pas été invité; mais tant il est vrai que l'habitude est une seconde nature, il était venu quand même.

La triste cérémonie était terminée, l'assistance allait se séparer, lorsque le fossoyeur s'avança vers le Monsieur du cimetière et lui dit avec un gracieux sourire :

— Pardon, monsieur ; est-ce que nous n'aurons rien de vous aujourd'hui ?

Il existe une légende, qu'on appelle la légende du croque-mort :

Quatre croque-morts, un matin, reçurent l'ordre d'aller rue Quincampoix, pour procéder à l'ensevelissement et ensuite à l'enterrement d'un épicier mort par accident.

Nos quatre gaillards en route, l'un, porteur d'un sac de son, l'autre, du marteau et du tourne-vis, et les derniers de la bière en sapin, s'arrêtèrent chez pas mal de marchand de vins, enfin, après bien des stations, légèrement émus, mais graves et compassés, comme il convient en pareille circonstance, ils arrivèrent au but de leur course.

Tout Paris connaît la rue Quincampoix ; c'est du vieux Paris, une rue tortueuse et boueuse, un ruisseau coule au milieu ; ni air, ni soleil. Les hautes maisons à pignons aigus s'inclinent les unes vers les autres, comme si elle voulaient se serrer la main.

Cette rue est pleine d'odeurs étranges ; on y respire un parfum de cannelle, de girofle, de mélasse, de plantes médicinales, de patchouli et de troix-six.

C'est là que depuis un temps immémorial, la corporation de messieurs les épiciers a établi son quartier général.

Les allées des maisons sont invraisemblables ; elles sont si sombres qu'un chat n'y trouverait pas ses petits.

Les hommes noirs entrèrent, et appelèrent en chœur madame la concierge.

Madame la concierge ajusta ses besicles sur son nez, se leva majestueusement de son grand fau-

teuil de cuir et daigna répondre : « Qui m'appelle? »

Un des croque-morts s'avança et demanda Monsieur Bibassier.

— Monsieur Bibassier, — que Dieu ait son
âme, à ce pauvre cher homme! — C'est au
deuxième.

Les croque-morts franchirent l'escalier et frappèrent. La clé était sur la porte.Ne recevant pas de
réponse, ils entrèrent.

Dans la première pièce, ne voyant personne, ils
frappèrent de nouveau à une porte en face. Une
voix grêle répondit :

— Entrez!

Ils entrèrent. Un homme était couché, le chef
couvert d'un immense bonnet de coton. L'un des
croque-morts alla à lui. ·

— Êtes-vous monsieur Bibassier ? fit-il.

— Non c'est l'étage au-dessus.

Une immense fantaisie traversa le cerveau du
croque-mort. Il découvrit le malade et, d'une voix
caverneuse laissa tomber ces paroles :

« Messieurs, il est inutile d'aller plus loin ;
l'homme qui est couché là n'en a pas pour longtemps. Nous attendrons. »

Tous répétèrent :

« Nous attendrons ».

Chacun déposa ses outils dans un coin, et tous
s'assirent sur la bière.

Le malade, effrayé, se démenait comme le dé-

7.

mon dans un bénitier. Il avait beau implorer ses bourreaux, ces derniers restaient sourds à ses supplications et répétaient : « Nous attendrons. »

La journée se passa sans incident.

Le soir venu, la concierge vint pour apporter de la lumière ; mais à la vue des hommes noirs, elle laissa tomber le chandelier et s'enfuit en hurlant.

A ces cris multipliés, une porte s'entr'ouvrit brusquement à l'étage supérieur.

C'était M. Bibassier qui n'était qu'en léthargie : les cris de la concierge l'avaient réveillé.

Le malade mourut dans la nuit, et Monsieur Bibassier eut la douce satisfaction d'accompagner au cimetière l'infortuné épicier, son voisin.

C'est depuis cette époque que chez les croque-morts, le proverbe a pris·racine.

« Che va piano va sano. »

Les croque-morts ont aussi été représentés dans la commune de Paris. Un des leurs, nommé Corneille, au moment du 18 mars, devint colonel.

Corneille affectionnait deux locutions de son ancien métier. Quand une chose lui semblait convenable.

— C'est excellent ! disait-il... Sapin fort !

L'expression : « Sapin faible ! » était pour lui la meilleur manière de témoigner son mépris.

Après la commune, Corneille reprit sa place de croque-mort. Il vivait paisiblement, lorsque, un jour, il reçut un large pourboire d'un héritier

généreux. Il entra boire un bock dans un café aux
environs du Père-Lachaise. Il était assis tranquille,
rêvant aux grandeurs d'antan, tout en prêtant un
oreille distraite à la conversation de deux messieurs qui parlaient politique à côté de lui. L'entretien tomba sur M. Thiers.

— Sapin faible ! gronda Corneille.

Hélas ! cette malencontreuse exclamation était
tombée dans l'oreille d'un agent de la sureté qui
causait avec le patron du café et qui avait entendu
parler de lui. Il l'arrêta immédiatement.

— C'est égal, c'est triste, disait Corneille en s'en
allant, de voir un croque-mort perdu par la bière.

Proverbe populaire : Tant qu'on voit les croque-
morts il n'y a pas de danger.

VIII

Statistique des monuments. — Un tombeau d'occasion. —
Un procès comique. — Un marbre en simili-jaune. — Une
épitaphe menteuse. — Repentir du mari. — Cocu et pas
content. — Trop tard. — Deux concurrents acharnés. —
A toi le cadavre à moi les couronnes. — Dos à dos.

En 1820 on comptait dans le seul cimetière du
Père-Lachaise 15,000 monuments dont plus de deux
mille à perpétuité, on en peut compter actuellement 55,000 environ.

L'industrie des marbriers et des marchands de
couronne est une des plus importantes de Paris.

Les marbriers deviennent millionnaires, car ils
fournissent des monuments qui varient de 100 à
100,000 francs; ce qui ne les empêche pas d'attendre les convois funèbres et de racoler les familles
comme les garçons d'hôtel aux abords des gares
de chemin de fer.

— Monsieur nous avons ce qui se fait de mieux
en tombe, le dernier genre !

— Madame, nous avons un brevet d'invention
pour les caveaux sans humidité, le mort y est
comme dans son lit.

— Si monsieur voulait, nous lui vendrions une
jolie pierre d'occasion?

Il ne faut pas crier à l'invraisemblance, la *pierre
d'occasion* existe depuis que l'abandon temporaire
des terrains a rendu les marbriers adjudicataires
des monuments qui s'y trouvaient.

Ces messieurs grattent les inscriptions et la
pierre sert à un autre.

Une infinité de sculpteurs célèbres aujourd'hui,
ont commencé chez les marbriers par sculpter des
anges, des médaillons, et beaucoup d'attributs de
tombes dans nos cimetières parisiens sont de véritables objets d'art qui étonneraient bien les amateurs s'ils étaient signés.

Les marbriers ont souvent des déboires.

Sous l'impression de la douleur ou de l'espérance
d'un héritage on leur commande des monuments
somptueux, puis la douleur s'éteint, l'espérance
est déçue, alors le mort ou la morte n'ont pas
besoin de voir leurs vertus vantées, et leur nom
transmis à la postérité, comme pour un vêtement
qui ne va pas, on leur laisse pour compte ; alors
en avant le papier timbré ; il faut que le mort soit
honoré et ait des regrets gravés sur sa tombe par
autorité de justice.

A ce propos il se passe devant le juge des scènes
inénarrables, en voici une entre mille :

M. Boulingrin, marbrier-sculpteur, entrepreneur
de monuments funèbres, spécialité de larmes inal-
térables en relief et de regrets qui résistent à la

gelée, — a assigné devant la justice de paix,
M. Anatole Biguchet, ancien sous-inspecteur de
troisième classe aux Pompes funèbres, pour l'obli-
ger à prendre livraison d'une dalle agrémentée
d'inscriptions touchantes, qui lui a été commandée
à l'époque où Madame Biguchet est passé de vie à
trépas.

Les deux parties sont présentes à l'audience.

M. Boulingrin qui se prétend un artiste pour de
bon, a un chapeau pointu, très pointu, en poil de
lapin, qu'il a brossé à rebours. Cela, pense-t-il,
donne aux masses une haute idée de son talent, et
le distingue des vulgaires Philistins.

M. Anatole Biguchet, quoique veuf, n'est pas en
deuil — bien au contraire. Sur sa poitrine s'étale
un magnifique nœud de cravate rouge. Il a un
habit vert, un pantalon bleu, un gilet jaune. Son
plumage est aussi brillant que celui du plus éclatant kakatoès.

Écoutons le marbrier :

— Il y a de cela trois mois environ, M. Anatole
Biguchet, que j'avais connu quand il était aux
Pompes funèbres vint me trouver. Il n'était pas
mis d'une façon aussi voyante qu'aujourd'hui.

Biguchet, amer. — Je croyais avoir mes raisons
alors.

Le plaignant. — Il me raconta en pleurant
qu'il avait eu la douleur de perdre sa femme, un
ange.

Biguchet. — Je ne savais pas... ce que je sais...

Le plaignant. — Et il me commanda une pierre tombale en simili-marbre blanc...

Biguchet, sombrement ironique. — C'est en simili-marbre jaune que j'aurais dû...

Le plaignant. — Avec une inscription relatant les vertus de Madame...

Biguchet. — Elles étaient propres les vertus de Madame!...

Le plaignant. — Monsieur a commencé par me dire : « Je veux des regrets éternels de première catégorie. » — Ça va bien que je lui répondis, c'est ma spécialité. Cependant, ajoutai-je, beaucoup de maris les font tout simplement peindre à la colle. » Possible, me répliqua-t-il, mais moi je porterai toute ma vie le deuil dans mon cœur comme dans mon habillement. » Aujourd'hui, vous le voyez, il est déguisé en perroquet (rires dans l'auditoire) et il ne veut pas prendre la livraison d'un monument qui rappelle des qualités et des vertus à décrocher le prix Monthyon tout au moins ; il prétend aujourd'hui qu'il a été trompé sur le compte de son épouse, qu'il l'a trop pleurée, qu'il ne veut pas dépenser un sou pour elle, et qu'il va semer sur sa fosse des carottes en souvenir de...

Biguchet, avec feu. — Certainement.

Le plaignant. — Vous comprenez, monsieur le juge de paix, que je ne veux pas en être pour mon travail et pour la dalle de la défunte Madame Biguchet. Je n'ai pas à tremper dans le débordement de ses cascades.

Biguchet. — Et moi je ne veux pas de ce tissu de mensonges... gravés sur la pierre. Voyons, monsieur le juge de paix, si vous appreniez après la mort d'une épouse, à qui on aurait donné le bon Dieu sans confession, que vous avez été, sans vous en douter...

M. le juge de paix. — Oui, oui, j'entends.

Biguchet. — Laisseriez-vous tromper la postérité par des calembredaines semblables.

(Il tire un papier de sa poche et lit) :

Ci-gît

Herminie-Céleste-Angélique-Séraphine Poutiron,

Femme Biguchet.

Elle fut bonne épouse.

Elle aurait été bonne mère

Si elle avait eu des enfants.

Sa vie entière fut consacrée au bien.

Elle était belle,

Sobre, chaste et bonne.

Elle avait soixante-dix-sept centimètres

De tour de cuisse

Et pesait quatre-vingt-treize kilos.

Priez pour elle !!!

Bonne épouse ! Bonne mère ! Sobre ! Chaste ! Oh ! malheur ! Tout cela à part le poids, et encore je l'avais augmenté de vingt-cinq kilos par orgueil, et le tour de cuisse que j'avais exagéré par vanité, tout cela était faux comme un jeton.

Le plaignant. — Ça ne me regarde pas. J'ai mis

sur la dalle ce que vous m'avez commandé, comme j'aurais inscrit tout le contraire si vous l'aviez désiré.

Biguchet. — Parce que j'avais été trompé moi-même... Imbécile que je suis ! Je voyais à l'enterrement tous les marchands de vin du quartier, tous les épiciers, tous les pâtissiers, sans compter des petits jeunes gens copieusement pommadés, avec des accroche-cœurs larges comme des oreilles de chien. Je pensais que tout ce monde était venu par pure considération pour moi, et j'en étais intérieurement flatté... Va te faire... voir !... Après quinze jour de douleur pendant lesquels je ne sortais qu'en noir, je ne parlais qu'à des charbonniers et je ne mangeais que des crêpes, afin que mon deuil fut plus rigoureux, ça été toute la sainte journée une procession de fournisseurs qui venaient me réclamer des notes... Les bombances que madame faisait en joyeuse compagnie pendant que j'inspectais des cercueils. En voilà une qui s'en est introduit dans l'œsophage et encore ailleurs !... J'en ai été tellement honteux que j'ai donné ma démission.

Une femme à qui j'avais payé une concession à perpétuité ! (Il pleure)... qui me trompait !... Vingt-deux photographies dans le tiroir de sa table de nuit !.. Et six cents billets doux dans un pot à miel !...

M. le juge de paix. — Certainement, le coup a dû être rude pour vous, mais puisque vous avez commandé un monument, il faut le payer, c'est de toute justice.

Biguchet. — Jamais de la vie !... Plutôt l'échafaud !...

M. le juge de paix. — A combien monte votre mémoire, M. Boulingrin ?

Le plaignant. — A cent cinquante francs et des centimes. mais, en présence de la situation malheureuse de monsieur, je lui fais grâce des centimes.

Biguchet. — Ce n'est pas pour la somme ; mais, je le jure, je ne dirai « oui » que quand en m'aura coupé la tête. Avoir transformé mon appartement en tour de Nesles !... la coquine, la misérable !... Si vous saviez comme ils ont arrangé les rideaux !... des rideaux en damas de soie !...

M. le juge de paix condamne le mari à prendre livraison de ses regrets éternels et à payer au sculpteur le montant de son mémoire.

M. Biguchet est furieux.

Comme cette scène est bien humaine !

Deux marbriers se font une guerre acharnée, ils habitent tous deux rue de la Roquette, à proximité du cimetière.

L'un d'eux a au cimetière du Père-Lachaise un caveau provisoire où il reçoit les corps de ses clients avant que ceux-ci ne soient définitivement placés dans leur caveau, M. Benoist qui venait de

perdre sa femme confia à ce marbrier le corps de
la défunte.

Le mari aussitôt les restes de sa femme placés
dans le caveau provisoire chercha dans le cimetière
une place qui lui convint pour la faire inhumer
définitivement ; sur ces entrefaites il reçut la visite de l'autre, le marbrier concurrent.

— J'ai, pour votre femme, dit-il à M. Benoist, une
magnifique place fort recherchée, au coin d'une
allée très passagère.

M. Benoist accepta d'emblée cette proposition et
chargea le marbrier de faire transporter le cadavre de sa femme du caveau provisoire de son
concurrent dans le caveau définitif au coin de la
fameuse allée.

Sans avertir son concurrent le marbrier qui
avait découvert le secret du cadenas de son caveau
provisoire, fit jouer le ressort, pénétra dans le
caveau et déroba le cadavre qu'il fit transporter à
sa sépulture dernière.

L'autre marbrier apprit bientôt qu'on lui avait
pris le cadavre de sa cliente.

Il fut d'autant plus indigné que son caveau contenait les corps de six autres clients, il cria à la
profanation.

Il poursuivit M. Benoist et son concurrent devant
le tribunal correctionnel sous l'inculpation de violation de sépulture, puis il refusa de rendre les
couronnes.

Devant le tribunal, c'était à se tordre, on les renvoya dos à dos, l'un garda le cadavre et l'autre les couronnes.

CHEZ LE MARBRIER.

IX

La censure des épitaphes. — L'opinion de Marmontel. —
Antiquité des épitaphes. — L'emblème du lézard. —
Madame de Pompadour. — Madame Poisson. — Philipon de
la Madeleine. — Une énigme. — Grétry. — Madame de
Verrue. — Un bouquet d'épitaphes. — Une veuve pas
pressée. — Un homme heureux d'avoir perdu sa femme. —
Masséna. — G. Ohnet. — Marguerite d'Autriche. — Cathe-
rine de Médicis. — J.-J. Rousseau et Piron. — Le cheva-
lier de Boufflers. — Louis XV. — Turenne. — Molière et
La Fontaine. — Rabelais. — Richelieu. — Cromwell. —
Robespierre. — Alfred de Musset. — Papa où sont donc
enterrés les méchants ?

Les inscriptions et épitaphes à placer sur les
tombes et sur tous monuments funéraires, en
bois, pierres, plâtre ou marbre doivent être préa-
lablement soumises à l'approbation du préfet de
police, à Paris, et aux maires dans les communes
de France.

Il faut reconnaître que cette *censure* des monuments funéraires, se relâche quelquefois, en laissant graver des inscriptions qui, tout en étant
dictées par le culte du souvenir et du respect,
sont empreintes d'ignorance, de naïveté et de
bonté, et souvent ridicules.

Pourtant il faut constater que toutes les inscriptions, toutes les épitaphes, sans exception, en-
censent et idéalisent les défauts. Pas un : « Ici un
tel ou une telle » qui n'énumère à la suite de toutes
les vertus, toutes les qualités que le mort ou la
morte... n'avait pas le plus souvent.

Marmontel ne croyait pas que l'on dût faire aux
morts des épitaphes sincères, car il disait : — « Il
serait à souhaiter que chacun fît son épitaphe de
bonne heure, qu'il la fît la plus flatteuse qu'il est
possible, et qu'il employât toute sa vie à la
mériter.

« Si on en croyait les épitaphes qui auréolent la
mémoire des défunts, chaque mort serait une perle
de perfection. »

Aussi, dit-on : menteur comme une épitaphe !

Jadis ! épitaphe était du masculin, ce qui fit
écrire à Corneille :

> Je n'ai plus qu'à mourir, mon épitaphe est fait
> Et tu m'érigeras en cavalier parfait.

L'usage des épitaphes remonte à la plus haute
antiquité. Les épitaphes qui consistent en un prénom, et rien de plus, sont fréquentes sur le marbre
blanc des tombes des jeunes filles. On voit beaucoup de tombes virginales avec les noms de :
Marie, Blanche, Louise, Hélène ; les couronnes et
les bouquets de roses blanches, de lilas blanc, de
fleurs d'orangers et de marguerites, ornent les
simples noms.

Les tombeaux modernes, d'un luxe excessif (nous allions dire confortable) ont relégué dans la fosse aux oublis, les emblèmes qui les ornaient jadis et qui étaient plus ou moins symboliques. On voyait par exemple beaucoup de sarcophages surmontés d'un caniche en plâtre, marbre ou pierre, car chacun sait que le caniche a été de tous temps l'emblème de la fidélité, nombre de tombeaux portaient aussi comme emblème un lézard.

Eméric-David, dans son histoire de la sculpture antique (sur l'Apollon Sauroctone et sur le Lézard), paraît fournir une explication dans les lignes suivantes : « Engourdi tous les hivers, le lézard dans cet état d'assoupissement, devient un emblème du Sommeil. C'est en ce sens que nous le voyons employé auprès de différentes figures endormies : comme par exemple auprès d'une figure antique en ronde bosse, représentant le génie du Sommeil, publiée par Alexandre Maffeï ; — à côté d'une autre figure du Sommeil publiée par Tollus ; — aux pieds d'une figure de l'Amour endormi à la villa Borghèse ; — aux pieds d'une figure de la Mort de la collection Matheï.

Les urnes funéraires surmontent encore bien des tombes et elles reviendront bientôt à la mode avec la crémation qui a toutes les chances d'entrer dans nos mœurs.

Un grand nombre d'épitaphes sont célèbres, nous groupons ici les plus rares et les plus curieuses.

Dans *les Mémoires apocryphes du duc de Richelieu*, attribués à Soulavie, on fit en latin, à madame de Pompadour, une épitaphe originale qui roule sur un jeu de mots, dont Maurepas avait déjà fait un madrigal :

> D. D. Joannis poisson epitaphium.
> Hic piscis regina jacet, quæ lilia suxit
> Per nimis : an mirum si floribus occubat albis ?
> Obiit die XV aprilis, anno MDCCLXIV.

N'ayant pas sous le main le recueil de Maurepas, il est impossible de continuer l'indication de Soulavie, sur l'idée première de ce distique, en tous cas nous n'avons pas rencontré plus anciennement cette épitaphe.

Cette épitaphe est à la page 114 de l'abrégé qu'a donné P. Lacroix, des Mémoires de Bachaumont. Elle est également à la page 143 des Fastes de Louis XV, par Bouffonidor, et à la page 28 du 4e volume de la Vie privée de Louis XV, par Mouffle d'Angreville. Elle a beaucoup de rapport avec cette épigramme, qu'elle trouva un jour sous sa serviette :

> La marquise a bien des appas ;
> Ses traits sont vifs, ses grâces franches ;
> Et les fleurs naissent sous ses pas.
> Mais, hélas ! ce sont des fleurs blanches.

Bouffonidor, Bachaumont et Mouffle donnent aussi cette autre épitaphe :

Ci-gît qui fut vingt ans pucelle,
Quinze ans catin, et sept ans maquerelle.

La mère de la marquise de Pompadour, madame
Poisson ne fut guère mieux traitée que sa fille :

Ci-gît qui, sortant d'un fumier,
Voulant faire fortune entière,
Vendit son honneur au fermier
Et sa fille au propriétaire.

La vieille gouvernante de Philipon de la Madeleine rédigea, pour le tombeau de son maître l'épitaphe suivante et le marbrier la grava dans toute
sa naïveté et son manque d'orthographe :

Tous ces amis l'ont abandonnés
C'est moi Thérèse qui a fait
Mettre cette petite croix
Que Dieu l'aie en sa sainte garde,

Epitaphe d'une femme bavarde :

Ci-gît Madame B...
Le 10 août 1804.
Elle se tut.

Et celles-ci !

Ci-gît
Marie X..., âgée de trente ans.
Ici sont encore les cheveux de ce pauvre Théodore
Qui est allé mourir à vingt lieues.

Et Rose, elle a vécue ce que vivent les roses
L'espace d'un matin.

Ci-gît un chien
Qui fut homme de bien.

On offre un lapin (pas de ceux du Père-Lachaise)
à ceux qui devineront cette épitaphe énigma-
tique :

Ci-gît le fils, ci-gît la mère,
Ci-gît la fille avec le père,
Ci-gît la sœur, ci-gît le frère.
Ci-gît la femme et le mari,
Et ne sont que trois corps ici.

Épitaphe qui ne figurera pas sur la tombe de
M. J. Grévy :

Paul qui vient de mourir faisait grosse figure
De mille créanciers que le bonhomme avait.
Il n'a payé ce qu'il devait
Qu'à la nature.

L'épitaphe est souvent spirituelle, témoin celle-ci
qui orne le tombeau de Grétry :

Pour charmer l'ennui de la route,
Grétry, la lyre en main, traversait l'Achéron.
Ramez donc, dit-il à Caron.
Que faites-vous ? — *J'écoute!*

Et souvent railleuse comme le sixain suivant
qu'on peut lire au même cimetière :

Ci-gît, par son trépas,
Qui, l'aimant ici-bas,
Paresse tutélaire
S'est un jour, par plaisir,
Exprès laissé mourir,
Pour n'avoir rien à faire.

A X..., bien connu au boulevard :

Ici repose un tout petit poète
Dont la chanson fut courte, mais bien faite :
Pas assez fort pour être haut coté,
Pas assez nul pour qu'on passe à côté.

De madame de Verruc, surnommée « dame de volupté » l'amie du poète La Faye :

Ci-gît dans une paix profonde.
Cette dame de volupté,
Qui pour plus de sûreté,
Fit son paradis dans ce monde.

A une belle-mère:

Ci-gît ma belle-mère, qui m'aimait beaucoup ;
A ce point qu'elle en est morte.

Epitaphe d'un avare :

Ci-gît, qui se plut tant à prendre.
Et qui l'avait si bien appris,
Qu'il aima mieux mourir que rendre
Un lavement qu'il avait pris.

8.

Ci-gît
Lucien Hyacinthe K.
Regretté de toute sa famille et de sa tante.

Regrets d'un pochard :

Celui qui dort sous cette pierre
En tout temps fut l'ami du vin ;
Buveurs, pleurez sa triste fin :
Il a péri. . . dans la rivière !

Sur un caveau au Père-Lachaise :

Sépulture de la famille Tomplot.
Ancien fumiste.

Ci-gît
Anatole Corniflu,
En son vivant tueur de cochon.
Regretté de toute sa clientèle.

Un avare du nom de *Gittel* réglait lui-même les frais de son inhumation : le marbrier lui ayant dit que l'inscription se payait à la lettre, il se décida pour celle-ci :

Ci-gît-tel

Ici repose Henri Lucas,
âgé de trois mois.
Sa vie ne fut qu'un long martyre !

Au Père-Lachaise, sur une vieille pierre tumulaire, effritée, fendillée et moisie par l'action du

temps, apparaît encore une main tendue et ouverte
comme pour en saisir une autre, au-dessous de la
main cette inscription peu tentante :

Viens me rejoindre je t'attends.

A quoi un gavroche gouailleur a répondu en
écrivant sur la pierre avec un clou :

Tu peux t'fouiller, t'as le temps d'attendre.

Revanche d'un mari :

A ma Léonie adorée,
A ma femme.
Attends-moi longtemps !

Au cimetière Montmartre :

Ma femme je t'attends,
5 janvier 1843.
X..., capitaine de gendarmerie en retraite.

Au-dessous :

Mon ami, me voici,
5 décembre 1877.
Z..., veuve X...

La veuve n'était pas pressée, elle avait mit *trente-
quatre ans* à rejoindre le capitaine !
Une épitaphe d'enfant pour qui les amis n'ont
pas attendu le nombre des années :

Ici repose Petit Félix,
Mort à l'âge de un an et quinze jours,
Regretté de ses nombreux amis.

A mon amie.

Ici repose
Aglaé Joséphine C...
Dite : La vierge phénomène.
Bien connue pour sa beauté et son bon cœur.
Elle pesait 543.
Son véritable ami ne se consolera jamais.

Il avait raison car c'était pour lui une grosse
perte !

Ci-gît,
Linda Alexandrine B...
Elle fit le bonheur de ses trois époux.

Les chambres syndicales ne perdent pas leur
droit :

A Baptistin Culéiforme,
Président du syndicat des Bitumiers.
Baptistin dans la syndicale,
Fut la plus grosse des légumes,
Et dans sa demeure sépulcrale,
Il reste le chef des bitumes.

Albert Z...
Décédé à l'âge de 75 ans.
Le ciel compte un ange de plus,

Sur la tombe d'un homme borgne et sot :

Dorilas n'a point eu de peine à trépasser ;
D'envier son destin qui pourrait s'en défendre,
Car il n'eut qu'un œil à fermer,
Et n'avait point d'esprit à rendre.

Élisa L...
C'était un ange sur la terre,
Qu'est-ce que ce sera dans le ciel.

D'un pendu :

Ci-gît dont, s'il t'en prend envie,
Deux mots vont apprendre le sort :
Une parque a filé sa vie,
Un cordier a filé sa mort.

D'un faux noble :

Ci-gît un prodige du temps :
Sa naissance fut un mystère.
Tous les pères font leurs enfants,
Cet enfant avait fait son père.

D'un bossu :

Sous ce tombeau gît le bossu Panglose ;
Il vécut quatre-vingt-dix ans.
Comme il porta sa bosse tout ce temps,
Il est juste qu'il se repose.

Jacques du Lorens, âgé d'environ soixante-quinze ans, avait une femme acariâtre, après l'avoir célébrée dans ses satires, il lui fit cette épitaphe assez heureuse dans sa simplicité :

> Ci-gît ma femme : oh ! qu'elle est bien,
> Pour son repos et pour le mien !

Quatrain écrit par Alexandre Dumas fils sur l'album d'un médecin de Marseille :

> Depuis que le docteur X...nal
> Soigne des familles entières
> On a démoli l'hôpital.....
> Et l'on a fait deux cimetières !

Au nombre des épitaphes terribles dans leur simplicité, il faut citer celle-ci relevée au cimetière Montparnasse, près du tombeau des quatre sergents de la Rochelle :

> Charles B...
> Mort de faim.

On lit assez souvent sur le marbre et le granit des tombes des plus illustres et sur lesquelles il y avait le plus à écrire, les épitaphes les plus simples, et partant les plus grandioses. C'est ainsi qu'on remarque sur le monument du grand général surnommé : l'enfant chéri de la victoire, ce nom si court et qui en dit si long :

> MASSÉNA.

> Ci-gît Alfred D...
> L'inventeur de la pommade du...

Sa veuve inconsolable continue
Son commerce... rue... numéro.

Ici repose
Mélanie M... :
Elle aurait donné pour son mari
Ce que le pélican donne à ses enfants.

Cette épitaphe existe dans le cimetière de Bul-
gnéville (Vosges) :

Ci-gît
Justement regrettée
Dame Catherine Claire Poirot
Épouse de M. Sébastien Plumerel
Cette dame née pour le commerce
A l'âge de 19 ans avant son mariage
Tenant-seul la partie des draperie
Peut de temps après elle y réunis
D'autres branches qui n'ont cessé
Qu'avec elle son état l'occupait nuit
Et jour ses désirs à acquérir par sa
Conduite lestime et la confiance de
Tout le monde sa vie a été courageuse
Dans ses voyage inébranlable dans ses
Entreprise hardie dans ses
Acquisitions mais trop sensible aux
Circontamces agravante ont abrégé
Ses jours et finy sa carrière le 6 juen
1882 âgé de 60 ans sans avoir fait
De faux pas dans la vie.

Epitaphe qu'on pourrait dédier à G. Ohnet :

> Après une peine infinie
> Ohnet goûte un juste repos
> Car il porta toute sa vie
> Un poids énorme sur le dos.

Epitaphe d'Adam (tirée de la Genèse) :

> *Et mortuus est.*

Epitaphe de Scipion mort en exil et qui pourrait bien être aussi celle de Sarah Bernhard.

> Ingrate patrie tu n'auras pas mes os.

Epitaphe de Sardanapale, dont le nom légendaire est devenu synonyme de festin et de ripaille :

> Je n'ai fait que manger, boire et m'amuser bien
> Et j'ai toujours compté le reste pour rien.

D'Alexandre le Grand :

> *Sufficit huic Tumulus cui non suffecerat orbis*

(Une tombe suffit à celui auquel n'avait pu suffire l'Univers).

De Virgile :

> Mantoue me donna la vie, Brindes la mort, Naples la sépulture.
> J'ai chanté les bergers, les laboureurs et les héros.

Marguerite d'Autriche qui avait été fiancée, mais fiancée seulement à deux fils de roi, se composa son épitaphe :

> Ci-gît Margot, la gente demoiselle
> Qu'eut deux maris, et si mourut pucelle.

Épitaphe de Catherine de Médicis :

> La reine qui-ci-gît fut un diable et un ange
> Toute pleine de blâme et pleine de louange ;
> Elle soutint l'État, et l'État mit à bas,
> Elle fit maints accords et pas moins de débats ;
> Elle enfanta trois rois et cinq guerres civiles,
> Fit bâtir des châteaux et ruiner des villes,
> Fit bien de bonnes lois et de mauvais édits.
> Souhaite-lui, passant, enfer et paradis.

Épitaphe de Jean-Jacques Rousseau par Piron :

> Ci-gît l'illustre et malheureux Rousseau,
> Le Brabant fut sa tombe et Paris son berceau.
>   Voici l'abrégé de sa vie
>   Qui fut trop longue de moitié :
>   Il fut trente ans digne d'envie
>   Et trente ans digne de pitié.

Du chevalier de Boufflers :

> Ci gît un chevalier qui sans cesse courut,
> Qui sur les grands chemins, naquit, vécut, mourut
>   Pour prouver ce qu'a dit le sage,
>   Que notre vie est un voyage.

9

De Louis XV :

> Ci-gît Louis quinzième du nom
> Dit le *Bien-aimé* par surnom
> Et de ce titre le deuxième ;
> Dieu nous préserve du troisième !

De Turenne :

> Turenne a son tombeau parmi ceux de nos rois
> Il obtint cet honneur par ses fameux exploits.
> Louis voulut ainsi consacrer sa vaillance
> Afin d'apprendre aux siècles à venir
>   Qu'il ne met point de différences
> Entre porter le sceptre et le bien soutenir.

De Molière par La Fontaine :

> Sous ce tombeau gisent Plaute et Térence
> Et cependant le seul Molière y gît,
> Il les faisait revivre en son esprit
> Par leur bel art réjouissant la France.
> Ils sont partis et j'ai peu d'espérance
> De les revoir, malgré tous nos efforts
> Pour un long temps, selon toute apparence
> Térence et Plaute et Molière sont morts.

Il y a sept variantes de l'épitaphe de l'illustre auteur, en voici une qui provient d'un recueil de pièces en prose et en vers de différents auteurs de la collection de M. de Cayrol:

> Passant, içy repose un qu'on dit estre mort.
>   Je ne sçais s'il vit ou s'il dort.

La Maladie imaginaire
Ne peut pas l'avoir fait mourir;
Car il aimoit à contrefaire.
Quoi qu'il en soit, cy gist Molière.
Comme il estoit Comédien,
Pour un Malade imaginaire,
S'il fait le mort, il le fait bien.

Epitaphe de Rabelais :

Pluton, prince du noir Empire
Où les tiens ne rient jamais
Reçois aujourd'hui Rabelais
Et vous aurez tous de quoi rire.

De Richelieu :

Ci-git un fameux cardinal
Qui fit plus de mal que de bien :
Le bien qu'il fit, il le fit ma. ;
Le mal qu'il fit, il le fit bien.

De Cromwell :

Ci-gît l'usurpateur d'un pouvoir légitime
Jusqu'à son dernier jour favorisé des dieux
Dont les vertus méritaient mieux
Que le trône acquis par un crime
Par quel destin faut-il, par quelle étrange loi
Qu'à tous ceux qui sont nés pour porter la couronne
Ce soit l'usurpateur qui donne
L'exemple des vertus que doit avoir un roi ?

De La Fontaine :

> Jean s'en alla comme il était venu
> Mangeant le fonds avec le revenu,
> Tint les trésors chose peu nécessaire,
> Quant à son temps, bien sut le dispenser
> Deux parts en fit, dont il voulait passer
> L'une à dormir, et l'autre à ne rien faire.

De Piron :

> Ci-gît Piron qui ne fut rien
> Pas même académicien.

On lui attribua aussi la suivante :

> J'achève ici-bas ma route
> C'est un vrai casse-cou ;
> J'y vis clair, je n'y vis goutte,
> J'y fus sage, j'y fus fou,
> Pas à pas j'arrive au trou.
> Que n'échappent fou ni sage
> Pour aller je ne sais où...
> Adieu Piron ; bon voyage !

De Desaugier (il la composa, dit-on pendant qu'on lui faisait subir la terrible opération de la pierre) :

> Ci-gît, hélas, sous cette pierre
> Un bon vivant mort de la pierre.
> Passant, que tu sois Paul ou Pierre
> Ne vas pas lui jeter la pierre.

De Dorat :

> De nos papillons enchanteurs
> Émule trop fidèle
> Il caressa toutes les fleurs
> Excepté l'immortelle !

Sur le Régent :

> L'on dit qu'il ne crut pas à la divinité
> C'est lui faire une injure insigne
> Plutus, Vénus et le dieu de la vigne
> Lui tinrent lieu de Trinité.

De Malherbe :

> L'Apollon de nos jours, Malherbe ici repose,
> Il a vécu longtemps sans se louer du sort
> En quel siècle ? Passant, je n'en dis autre chose,
> Il est mort pauvre... et moi je vis comme il est mort.

Du cardinal de Mazarin

> Ici-gît le cardinal Jule
> Qui pour se faire pape amassa force écus,
> Il avait bien ferré sa mule,
> Mais il ne monta pas dessus.

De Franklin (composée par lui-même).

> Ici repose
> Curé aux vers
> Le corps de Benjamin Franklin, imprimeur,
> Comme la couverture d'un vieux livre

Dont les feuillets sont arrachés
Et la dorure et le titre effacés
Mais pour cela l'ouvrage ne sera pas suspendu
Car il reparaîtra
Comme il le croyait
Dans une nouvelle et meilleure édition
Revue et corrigée
par
l'auteur.

Sur Robespierre

Passant, ne pleure pas ma mort ;
Si je vivais tu serais mort.

L'épitaphe de la tombe d'Alfred de Musset est la
plus connue et la plus répandue entre toutes celles
qui signalent les tombes célèbres de cimetières de
Paris :

Mes chers amis quand je mourrai
Plantez un saule au cimetière
J'aime son feuillage éploré ;
La pâleur, m'en est douce et chère
Et son ombre sera légère
A la terre où je dormirai !

Le vœu du poète est exaucé. Le saule pleureur,
pleure sur le poète, mais il est si maigre, si chétif
qu'il semble pleurer de regret de ne pouvoir être
plus grand pleureur.

Au verso de la pierre tombale qui porte les jolis
vers que nous venons de rappeler, il en est

d'autres, que croyons nous personne n'y a lus, et sont aussi du poète de *Rolla.*

Après avoir lu toutes ces épitaphes pompeuses, bêtes ou comiques la conclusion nous est donné par un gamin qui, au cimetière a déchiffré ces inscriptions : bon époux, bon père, bon fils, bon citoyen, excellente fille, excellente mère, femme dévouée, ami désintéressé, etc., etc., il se tourne vers son père et lui dit : *Papa où sont donc enterrés les méchants?*

X

La protection des morts. — Le linceul confortable. — Un
embaumeur philanthrope. — Le journal l'autre monde. —
Histoire de ma mort. — Avis aux gendres. — Deux annonces cocasses. — Le journal des croque-morts. — Le croque-
mort. — Un menu macabre. — Il a cassé sa pipe. — Un
mort en rupture de cercueil. — La Nécropole. — Avis
Roublard. — Littérature de cimetière. — Titres pour les
romanciers futurs. — Un terrain gratis. — Le cimetière au
théâtre. — L'acteur Boutin aïeul de Bazouge. — Gavarni
et les croque-morts. — Les *funérailles de l'honneur*. — Le
cimetière Saint-Joseph et M. Rivet. — *Roméo et Juliette.*
— *Lucrèce Borgia.*

Les romanciers, les auteurs dramatiques et les
journalistes se sont toujours occupés des cimetières, la littérature macabre tient une large place
dans nos mœurs.

Il existe une feuille bizarre, rédigée et administrée par un embaumeur, cette feuille porte ce
titre étrange :

LA PROTECTION DES MORTS
Journal périodique
pour la réforme des lois concernant les inhumations.

En tête du journal on lit cet avis important :

Au nom de l'humanité, nos lecteurs sont instamment priés de ne pas détruire ce journal et de le faire lire par leurs parents, amis et connaissances.

Cet avis est immédiatement suivi de cette note curieuse :

Ce journal est distribué gratuitement *sous enveloppe*, à toutes les familles des décédés, presque aussitôt après la déclaration légale faite aux vingt mairies de Paris.

Il est expédié une fois par mois gratis et franco aux membres des Académies, maires et adjoints, agences anglaises maritimes, ambassadeurs et consuls, clergés catholique et non catholique, commissaires de police, communautés religieuses et séminaires, conseils académiques, conseillers d'État, conseils de fabrique, conseil supérieur de l'instruction publique, archevêques, évêques, curés, conseillers généraux et municipaux, conseillers de préfecture, députés, sénateurs, sages-femmes et gardes-malades, juges de paix, journaux, kiosques, médecins et pharmaciens, notaires, cercles, etc.

Nous rappelons à nos lecteurs que nous insérons tous les articles signés sur l'hygiène et la police des cimetières, les embaumements, les inhumations, les lois les concernant, etc.

Depuis la première ligne jusqu'à la dernière, cette feuille funéraire s'occupe de tous les trépassés et pas du tout des vivants.

C'est à présumer que tout le monde des cimetières et des pompes funèbres est abonné à cet organe d'outre-tombe.

9.

La chronique parisienne est représentée par une fantaisie *appassionata* sur les tombes délaissées des morts illustres, tels que La Fontaine et Molière.

On y appelle l'attention de M. Jules Claretie, qui, on le sait, est possesseur de la mâchoire de Molière, sur le déplorable état de délabrement où se trouve le mausolée de l'auteur de *Tartuffe*.

Le côté réclame n'est pas oublié non plus dans ce journal, et les annonces de quatrième page donnent envie de s'offrir pour ses étrennes le fameux *linceul conservateur*.

Voici cette pharamineuse réclame :

Ce linceul est composé d'une étoffe complètement imperméable à l'eau et à l'air, et de deux tissus de soie ou de lin, renferme une quantité suffisante de poudres déshydratantes pour absorber les vapeurs miasmatiques du corps en s'en chargeant pour les neutraliser ensuite.

Ce linceul, étant imperméable, évite les souillures des literies et ses conséquences fàcheuses au point de vue de l'hygiène.

Il remplit toutes les conditions de luxe décent et d'élégance de bon goût.

Il remplace avantageusement les vètements ou le linge ordinairement employés.

Il conserve les corps environ trois jours sans odeur cadavérique.

Il permet de les exposer et de les veiller, d'attendre l'arrivée d'amis ou de parents éloignés.

Il laisse aux membres des familles le temps de se consulter et de régler les funérailles.

Enfin, et par-dessus toute considération, *il préserve du danger des inhumations précipitées !...*

Nous avons dit qu'il était absolument imperméable à l'air et à l'eau ; sa forme particulière permet de laisser voir le visage, ou de le couvrir à volonté. En ce dernier cas, le corps est aussi complètement isolé que s'il était renfermé dans un cercueil en plomb. On peut donc encore le conserver le temps nécessaire même en cas d'épidémies graves, sans crainte de contagion.

C'est surtout à Paris que ce linceul est appelé à rendre de grands services. Le délai de vingt-quatre heures, trop restreint dans certaines circonstances, est trop long dans beaucoup d'autres. En raison des affections épidémiques qui dominent souvent dans cette ville, la putréfaction arrive presque immédiatement, et les personnes qu'un sentiment pieux oblige à veiller sur les corps risquent de compromettre à leur tour leur existence dans une atmosphère empoisonnée.

Le linceul conservateur coûte seulement 25 francs ; il est toujours prêt dans nos bureaux. *Télégraphier pour le recevoir à domicile.*

Il faudrait n'avoir pas vingt-cinq francs dans sa poche pour se priver d'une pareille satisfaction !

Enfin, le dernier mot de la philanthropie est donnée par le directeur de cette feuille funèbre dans l'avertissement suivant qui ne pourra qu'inspirer des regrets, voire même des remords aux citoyens athées, libre-penseurs et autres ennemis de la religion catholique, à qui l'inventeur du linceul conservateur, assure ses services gratuits :

Le professeur X..., chevalier de la Légion d'Honneur,

commandeur de Saint-Grégoire-le-Grand, etc., etc., etc., a
l'honneur de rappeler aux membres du clergé qu'il continuera
à *embaumer gratuitement* les prêtres, religieux et religieuses du
diocèse de Paris.

Voilà une perspective qui explique la conversion
du fameux Léo Taxil.

Le journal : *La Protection des Morts* est assurément un signe des temps et un rappel à l'ordre, à
une époque de décomposition morale où l'on comprend si peu la protection des vivants !

Un journal non moins bizarre a paru, ces temps
derniers, sous ce titre :

L'AUTRE MONDE
Journal des Trépassés.

Ce journal est imprimé en caractères blancs sur
papier noir. Sur les deux manchettes, des têtes
de morts et des tibias entrecroisés, surmontés de
cet avis :

ADMINISTRATION :	ADRESSER
13, quai du Styx, 13	tout ce qui concerne la rédaction
On s'abonne à Paris dans les Catacombes.	au *Journal des Débats.*

Ce journal a quatre pages, la justification est de
cinq colonnes, comme les grands politiques, le
rez-de-chaussée est occupé par un feuilleton : *Histoire de ma mort*, rédigé par D. C. D.

Les chroniques sont signées : *ad patres;* les *Echos*

d'outre-tombe sont séparés par de grosses larmes et précédés de cet avis :

Les gendres des deux mondes sont instamment priés de ne point se servir du présent journal pour faire à leurs belles-mères de funèbres plaisanteries, dont nous déclinons hautement d'ailleurs toute la responsabilité.

Comme culs de lampes entre chaque article, des petits squelettes, dans différentes poses, c'est on ne peut plus réjouissant.

La Chambre des députés prend pour rubrique : *Parlement des Trépassés.*

Les Théâtres enregistrent les pièces claquées, sans succès sous la signature : *Requiem.*

La Bourse n'est pas oubliée, le journal de *l'Autre Monde* y donne la cote des valeurs mortes et des valeurs mourantes, enfin au bas de la quatrième page le directeur rappelle à ses lecteurs que :

Les personnes dont l'abonnement expire prochainement sont expressément invitées à ne pas faire comme leur abonnement.

Ses annonces contiennent ces deux perles :

LA MEILLEURE BIÉRE
EST LA BIÉRE DE SAPIN

Moulin, charcutier boulevard, Clichy marchand de comestibles et de fromages pour repas de funérailles :

SARDINES NOIRES

Il y eut aussi le *Journal des Croque-Morts*, mais il vécut peu de temps.

Le Croque-mort, journal des refroidis en est une copie, il porte en manchette :

ADMINISTRATION	RÉDACTION	ABONNEMENTS dans les Catacombes
au Père-Lachaise allée du milieu dans le caveau de la 3e tombe à gauche.	au Champ de Navets fosse commune 2e étage au dessous de l'entresol.	*Nota.* — le prix de l'abonnement est *gratis*, mais on n'en délivre qu'aux macchabés munis de leur acte de décès.

Cette feuille donne le menu du prochain banque des croque-morts :

MENU

COUVERT... d'un linceul

POTAGE

Soupe à l'ognon TRÈS PASSÉE

ENTRÉE

MORTE Adèle de Bologne

Gens bons FUMÉS

POISSON

RAIE QUI AIME

ENTREMETS

MACARRONI à l'italienne

FAUSSE-TOMBALE milanaise
VIANDES
FAULX-filets
Bœuf à la MORGUE
Ci-GITE à la noix
CADAVRE aux navets
RALES en salmis
SÉPULT'HURE de sanglier
(*Persil et* CERCUEIL *à discrétion*)
LÉGUMES
Petits POIS... TRINAIRES
Asperges... d'eau bénite
SALADES
Pissenlits..... par la racine
DESSERT
CORBEILLARD de fruits
BOMBES funèbres
Fromage de tête-de-MORT
CRÊPES
BOISSONS
Eau-de-MORT
Petits VERS
Tisane de bourgerons de SAPIN
BIÈRES variées
Après le repas, TOMBE-HOLA !
SPECTACLE et Concert d'imprécations

N. B. — Les convives devront prendre un petit
air CRANE en entrant et ne pas s'AGONISER de
sottises.   A. MENNE.

Le journal publie généralement les diverses locutions employées pour annoncer le décès de quelqu'un :

Il est mort. — Il a rendu l'âme. — Il est nettoyé. — Il est rasibus. — Il est fumé. — Il est cuit. — Il est frit. — Il est fricassé. — Il est ratiboisé. — Il est occis. — Il est crabsé. — Il a passé l'arme à gauche. — Son compte est réglé. — Il a avalé sa chique. — Il a passé le styx. — Il est rincé. — On l'a mis dans la boîte à dominos. — Il a débouclé sa valise. — Il est cané. — Il a lâché la rampe. — Il a cassé sa pipe. — Il a fermé son vasistas. — Il a démonté son chouberski. — Il a dévissé son billard. — Il est claqué. — Il a renversé sa chaufferette. — Il a déboulonné sa colonne. — Il s'est laissé glisser. — Il a tourné de l'œil. — Il a fait la culbute. — Il est dans le royaume des taupes. — On vient de lui offrir un paletot sans manches, etc., etc.

Dans les échos ce mot de l'illustre bohême Privat-d'Anglemont :

On sait que Privat-d'Anglemont passa à l'hôpital la *meilleure* partie de sa vie.

Plusieurs fois le bruit de sa mort se répandit parmi ses connaissances et ses amis.

Un soir d'été qu'il faisait *l'hospice buissonnière*, il tombe sur l'un de ses créanciers.

— Tiens ! s'écrie celui-ci au comble de l'étonnement, je vous croyais au Père-Lachaise !

— Vous ne vous êtes pas trompé, répond mélancoliquement Privat. Seulement, comme il faisait très beau aujourd'hui, le gardien m'a permis de sortir ; mais j'ai promis de

rentrer avant dix heures... J'ai bien l'honneur de vous
saluer.

Le sublime du genre c'est : *la Nécropole*, le
directeur qui se nomme : Dubacq. — sans doute
qu'il s'agit *du bac* dans lequel Caron fait traverser
le Styx — allèche ses futurs abonnés par un
préambule des plus réussis :

Ce recueil unique comprendra soit une Notice, soit une
Biographie de ceux qui ne sont plus. Aux familles qui le
désireront il sera réservé dans le texte une place pour recevoir
une réduction illustrée de leur mausolée, de leurs armes ou
attributs.

L'ouvrage sera imprimé en caractères neufs, sur beau velin,
avec reliure de luxe.

Tout Souscripteur a droit à l'insertion des noms, prénoms,
âges, qualités, dates mortuaires, ainsi qu'à la désignation du
lieu de sépulture.

Les lignes supplémentaires que comprendront les notices
et biographies seront payées en plus à raison de 20 francs
l'une.

Toute exécution de réduction sur place des monuments —
dessins, gravures et clichés à intercaler dans le texte — sont
à la charge du souscripteur, à *l'exception toutefois* des plans,
vues et illustrations d'ensemble, que comportera le volume
par lui-même.

L'exécution d'un ouvrage de cette importance demandant
beaucoup de soins et de temps, je vous aurai la plus grande
obligation M   de me faire parvenir au plus tôt, tous
les renseignements nécessaires.

Je n'ai pas besoin d'ajouter que, sur un simple avis de votre part, on passera chez vous pour recevoir et donner les explitions que vous désirez.

Ci-joint le bulletin de souscription dont le montant est de 20 francs, payables à la livraison de l'ouvrage, et que je vous prie de me retourner muni de votre signature.

Les romanciers funèbres nous ont donné des ouvrages qui loin d'être mort-nés, leur ont survécu ou leur survivront longtemps encore.

Les Nuits du Père-Lachaise de Léon Gozlan sont restées palpitantes d'intérêt.

Les Mille et un Fantômes d'Alexandre Dumas père donnent sans cesse le frisson aux lecteurs.

Les Catacombes de Paris d'Elie Berthet.

Il n'est pas indispensables aux romanciers actuels que leurs romans portent un titre essentiellement funèbre, mais le principal c'est que l'auteur n'oublie pas de semer ça et là la note « pompes funèbres » dans le cours de son feuilleton à sensation ; c'est ainsi que dans le *Bâtard légitimé*, roman de M. Jules de Gastine, le lecteur prenait grand intérêt à cette description d'un service, convoi et enterrement parisien :

. . . .

« Quand André traversa le salon, des mains se tendirent.

Il les serra machinalement, sans voir à qui elles appartenaient.

Les croque-morts étaient dans la chambre avec la bière ouverte, qui semblait attendre sa proie.

Sa mère, couchée en travers sur le lit, tenait son père à bras le corps comme si elle avait voulu le défendre encore, le garder toujours.

Il éclata en sanglots et se jeta sur la couche à son tour noyé de larmes.

Les croque-morts furent obligés de leur arracher le corps, de les repousser du lit brutalement.

André ne voyait plus rien.

Tout ce qui se passa ensuite lui sembla se passer comme dans un cauchemar.

Il vit le corps disparaître dans la boîte, enveloppé d'un drap blanc, le couvercle se fermer sur lui, une draperie noire descendre sur le tout, puis le cercueil disparaître, emporté par les hommes. Il se sentit saisir sous le bras, entraîner, pendant qu'on murmurait autour de lui des paroles de consolation.

Il arriva à l'église sans savoir comment il y était allé, presque porté par ses amis. Sa mère était restée à la maison. Là, le spectacle des tentures noires, l'aspect du chœur étoilé de cierges, dans le jour triste qui tombait des vitraux, les sons plaintifs de l'orgue, les lamentations du plainchant lui secouait les nerfs, lui rendirent le sentiment des choses. Il eut la pensée de regarder derrière lui, de voir le nombre des amis qui étaient venus accompagner son père.

Une grande affluence eût apporté un soulagement à sa cruelle douleur. Hélas! cette consolation même lui manqua. Eu égard à la notoriété du défunt, au nombre de connaissances qu'il avait dans le monde parisien, l'assistance était dérisoire. Quelques intimes, de ces personnalités banales qu'on voit se profiler indifféremment autour de tous les cortèges pour s'y faire voir, des *reporters* venus pour faire leur métier.

Un des amis qui accompagnait André parut lire dans son regard sa triste impression.

— On n'a sans doute pas reçu les lettres à temps, murmura-t-il.

Le jeune homme ne répondit pas.

Les chantres venaient d'attaquer le *Dies iræ*... Les lamentations déchiraient la voûte de l'église. André s'enfouit la tête dans ses mains, pris d'un redoublement de douleur. On s'assit. Les regards du jeune homme se levèrent de nouveau et errèrent machinalement sur l'assistance.

L'indifférence de tous les visages lui serra le cœur. Chacun chuchotait, les yeux en l'air, semblant être à cent lieues de la cérémonie et du souvenir de celui qui en était l'objet. On devinait, à l'aspect de leur physionomie, de quoi ils parlaient, de leurs affaires, de leurs plaisirs. Il y en a qui étaient restés debout, ne pensant pas à s'asseoir, tant leur conversation les captivait, les absorbait.

D'autres étouffaient dans leurs mains des bâillements et des rires... Dans l'église il y avait un va-et-vient incessant de femmes étrangères à la cérémonie, qui jetaient un coup d'œil curieux sur le catafalque, sur les gens qui l'entouraient, et

qui allaient s'asseoir à l'écart, sur des chaises
qu'elles traînaient derrière elles... Le curé lui-
même, distrait, les yeux en l'air, semblait songer
à autre chose qu'au mort qu'il enterrait et qu'il
n'avait jamais vu de son vivant... Les clercs qui
l'assistaient paraissaient pris d'un ennui profond
d'être obligés de rester agenouillés... Toute leur
pensée semblait s'échapper par la porte qui s'en-
trebâillait à chaque instant, laissant pénétrer
dans le lieu sacré une bouffée des bruits du dehors...

André avait le cœur glacé. Il trouvait ces enterrements de Paris, où le mort disparaît dans une
indifférence banale, mortellement tristes. Son
esprit les comparait aux cérémonies de province,
de village, auxquelles il avait assisté, et il regret-
tait de n'avoir pas pu emmener son père dormir
au pays natal, dans un coin du cimetière ombragé
et solitaire où tout le pays serait venu le conduire.

Il se rappelait le chemin fait autrefois derrière
un cercueil aimé, que tout le village suivait avec
lui, dans un chemin étroit bordé d'aubépines en
fleurs dont les branches accrochaient les porteurs
comme pour les retenir et les empêcher d'aller
jusqu'au terme fatal. C'était le matin, un matin de
juin, comme maintenant. Une brume azurée flot-
tait dans l'air. Des gouttes de rosée, comme des
larmes, tombaient de la pointe des branches tout
irisées de soleil, étincelantes comme des pier-
reries.

La voix sourde des chantres avait dans le plein
air une profondeur inaccoutumée qui semblait
entrer sous terre comme pour y frayer le chemin
au mort. Puis, quand les chants cessaient, on
entendait le bruit cadencé des pas qu'on aurait
crus innombrables. Et par dessus tout, dominant
tous les autres bruits, le cri triomphant, sonore
des oiseaux, qui ressemblait au cri de la vie protestant contre la mort...

Ces souvenirs champêtres lui venaient à ce
moment, le frappaient...

C'est là qu'il voudrait dormir, si la mort venait
l'emporter à son tour.

On ne devait pas reposer dans la promiscuité
de Paris...

Même dans le cimetière, c'était encore l'étouffe-
ment, l'écrasement...

Les pauvres et les humbles disparaissaient
dans l'ombre épaisse, tombant des grands monuments...

André fut tiré de sa rêverie par un attouche-
ment au bras.

C'était le chef de cérémonie qui l'avertissait
d'une formalité à remplir.

Un de ses amis qui l'assistait le prit sous le bras
et l'emmena.

Le service finissait.

Un moment après, le jeune homme, installé au
bas de l'église, les yeux baignés de larmes, défail-
lant de corps et d'âme, serrait les mains qu'on lui

tendait... puis le cercueil, aspergé d'eau bénite par tous ceux qui étaient venus lui faire cette dernière visite, passa devant lui pendant qu'il lui jetait un dernier sanglot.

La pluie tombait à torrents. Toutes les gouttières pissaient. Le public se dispersa, comme une troupe de mulots effrayés, en ouvrant ses parapluies. Les croque-morts descendirent les marches à grand pas, hissèrent en un tour de main le cercueil sur le char, dont tous les angles ruisselaient.

On entraîna André, sur la tête duquel une main obligeante étendit un parapluie, puis on se mit en route... Le cortège s'ébranla... Avec une stupeur mêlée d'angoisse, le jeune homme s'aperçut qu'il était presque seul. Sauf les quelques amis qui ne l'avaient pas quitté, il n'y avait plus personne derrière lui...

Des hommes qu'il avait vus assidus près de son père, qui se disaient de ses amis, auxquels son père avait rendu des services, qui l'escortaient jadis de leurs flatteries et de leurs protestations d'amitié ; ces hommes mêmes avaient disparu, avaient lâchement fui devant quelques gouttes d'eau. Et André marchait le front baissé, l'âme déchirée, les pieds dans les flaques d'eau ; écœuré comme si le monde entier était devenu tout à coup boueux, immonde, comme les rues que l'on traversait.

Au cimetière, il n'y eut pas de discours. Les

choses furent expédiées rapidement; chacun avait
hâte de finir. On croisa d'autres cortèges qui se
hâtaient aussi, comme si le corps qu'ils conduisaient était un embarras, une charge dont on
était bien aise d'être délivré. Il y avait là, entre les
tombes ouvertes et les fosses à peine fermées, la
même insouciance qu'à l'église. Les cyprès seuls
et les tablettes de marbre pleuraient, lavés par la
pluie.

On se perdait dans un enchevêtrement inouï de
croix, de monuments, de couronnes fanées, tom-
bées à demi, ruisselantes. Les pieds entraient
dans une terre visqueuse d'où ils avaient peine à
s'arracher, comme si la mort avait voulu retenir
là... même les vivants. Sur la fosse béante, mar-
quée par une croix de bois noir, quelques prières
furent marmottées, quelques gouttes d'eau bénites
jetées, puis la terre ruissela sur la boîte sonore
avec un bruit sourd...

On entraîna André chancelant, à demi-mort,
pendant que les fossoyeurs, de la pelle et de la
pioche, se hâtaient de combler le trou creusé.

Un des amis prit le nom de l'allée et le numéro,
distribua le pourboire aux fossoyeurs et aux croque-morts, puis on partit.

Hector Sainte-Claire était pour jamais enseveli
dans l'oubli. Encore un compte rendu d'obsèques en quelques lignes, puis on n'en parlerait
plus.

Il ne laissait rien que des œuvres mortes avec

lui et que le poids de son corps allait achever d'écraser ».

Alexandre Dumas père a donné aussi de la façon la plus émouvante, dans *le Comte de Monte-Christo*, l'épisode du prétendu enterrement de Valentine de Villefort, on y assiste aux angoisses terrifiantes de son malheureux fiancé.

Le réalisme à tous crins qui nous déborde nous vaut une littérature macabre, à titres mortuaires bien choisis, pour frapper les yeux et l'imagination des amateurs de la « littérature » à un sou, nous ne désespérons pas de voir annoncer quelque jour des œuvres comme par exemple : *le Caveau qui parle*, — *l'Embaumé malgré lui*, — *les Révélations d'un embaumeur*, — *le Gendre du fossoyeur* — *Paris dans le cercueil*, — *la Bière de Sarah Bernhardt*, — *Mémoires d'outre-fosse*, pour faire pendant à l'œuvre de Chateaubriant : *Mémoires d'outre tombe*, — *les Amours d'un croque-mort*, — *l'Amant des mortes*, — *la Revue des Macchabées*.

Il est probable que M. Zola, en ce moment à toute autre matière que celle qui nous occupe, nous favorisera d'un roman essentiellement funéraire ; il nous en a donné l'avant-goût dans *l'Assommoir* avec le croque-mort *Bazouge* et le récit de la nuit de veille de *la mère Coupeau*, cadavre que l'on entendait se *vider*, nous dit M. Zola, qui a le don d'écrire ces choses sans se boucher le nez.

Pour l'*Amant des mortes*, la 10ᵉ Chambre correctionnelle nous fournit le scenario :

10

Vous avez quarante-cinq ans, demande M. le président au prévenu, sorte de brute au regard vitreux, à la voix rauque, complètement alcoolisé.

Votre mère a succombé le 27 avril dernier à une maladie de foie. Elle a été ensevelie par les soins d'une voisine, Madame Cotelle, que vous avez écartée aussitôt après en la priant d'aller vous faire du café.

Vous êtes resté seul au chevet de la morte.

Quand Madame Cotelle est revenue, au bout d'un quart d'heure, elle a vainement frappé à votre porte. Vous n'avez pas répondu. La voisine a frappé une seconde fois. Elle a entendu alors un bruit singulier, le bruit que ferait un homme qui sauterait du lit à terre, et elle s'est aperçue avec horreur que le cadavre, tout à l'heure enveloppé dans le linceul, était complètement découvert. Les draps étaient chiffonnés autour du corps, une large tâche cadavérique couvrait la jambe gauche de la morte et s'était communiqué à votre pantalon.

Votre embarras, le désordre de vos vêtements, achevèrent de fixer dans son esprit un effroyable soupçon :

— Misérable! s'écria-t-elle, vous violez la mort! (Mouvement d'horreur.)

— Taisez-vous, lui avez-vous répondu avec effroi, vous voulez donc m'envoyer au bagne !

Alors Madame Cotelle est allée raconter cette scène monstrueuse à d'autres voisines. Une d'elles

est venue vous interpeller violemment. Elle vous
a traité de misérable, de coch...

— C'est vrai, lui avez-vous dit, je suis un c.....

C'était un aveu. Voilà où vous a conduit l'alcoo-
lisme !

Le prévenu. — Non, monsieur le président, je
suis innocent. Pourquoi, aurais-je commis un
crime aussi affreux ?

D. Pourquoi avez-vous défait le linceul ?

R. Je voulais donner à ma mère un DERNIER
BAISER D'ADIEU!!!

Passons aux théâtres

A tout seigneur, tout honneur, saluons *Hamlet*
et découvrons-nous devant le crâne de ce pauvre
Yorick, en entendant la joyeuse chanson du premier fossoyeur, que chantait si allégrement
Coquelin cadet, dans une récente reprise du
chef d'œuvre de Shakespeare à la Comédie
Française.

Édouard Brisebarre et Eugène Nus firent jouer
jadis au boulevard du crime un gros *mélo* intitulé :
Histoire d'une rose et d'un croque-mort.

Louis Ulbach a rappelé ce drame, dans son *Guide
sentimental de l'étranger* :

— Un acte entier, dit-il, se passait dans le caba-
ret où ces enfouisseurs buvaient et s'amusaient,
l'excellent Boutin croque-mort facétieux — le père
Bazouge de Zola s'est inspiré de ce croque-mort —
racontait qu'un jour appelé dans une maison pour
y exercer son office et s'étant trompé d'étage, il

était tombé en face d'un malade qui avait jeté les
hauts cris :

— Pas la peine de faire tant de bruit, avait-il
répondu, on repassera !

— Sais-tu pourquoi la pièce ne réussit pas ?

— Parce que les auteurs, timides dans leur
étude avaient supposé qu'un jeune homme de
bonne famille était réduit par la misère à se faire
croque-mort, et que sa fiancée, l'ayant rencontré
un jour, en uniforme, refusait de l'épouser.

Ce refus parut invraisemblable au libéralisme
parisien.

— Souviens-toi des dessins de Gavarni sur les
croque-morts. Ils expriment la philosophie trans-
cendante de ce grand moqueur et de ce grand pen-
seur.

Écoute plutôt :

— Un croque-mort trinque avec un cocher de
voiture de deuil, celui-ci raconte ce qu'il a entendu :

— Y avait deux paroissiens de la queue qui se
disaient tout bas que la défunte était une femme
légère !

— Merci, j'aurais voulu les y voir, eux, à la descendre, la sylphide, d'un troisième au-dessus de
l'entresol.

C'est aussi le croque-mort qui, tancé vertement
pour être arrivé en retard, répond :

— Eh bien, quoi ! est-ce qu'il s'est sauvé ?

Trouve-moi une philosophie plus radicale et plus
narquoise !

Il existe aussi un autre mélodrame célèbre de Ch. Buguet, intitulé *la Morte* — comme le roman d'Octave Feuillet. — C'est dans cette pièce que l'on voyait un amant aller déterrer sa fiancée au cimetière et la ressusciter, car elle n'était qu'en léthargie.

Scène de cimetière et de caveau également profané dans *le Sacrilège* de Théodore Barrière et Léon Beauvallet.

Scène de Père-Lachaise dans : *Paris qui pleure et qui rit*, de Laurencin et de Lambert-Thiboust.

On assistait à un enterrement complet dans un cimetière de village dans un mélodrame d'Edouard Brisebarre : *l'Arracheur de dents*.

Dans cette pièce, le spectateur voyait enfouir un vrai cercueil dans une fosse béante, qui, par conséquent était le troisième dessous, mais le public ne se rendait pas compte tout de suite de cette fiction bien rendue, il devait infailliblement rêver de cette scène toute la nuit.

Dans les *Funérailles de l'honneur* de M. Auguste Vacquerie on voyait également un enterrement en scène, mais c'était l'honneur qui était dans le cercueil !

Le jeune député Gustave Rivet, lorsqu'il n'était encore qu'auteur dramatique, ayant toutes les peines du monde à se faire jouer, fit représenter sur la minuscule scène d'un café concert du faubourg du Temple un fort joli petit drame intitulé : *el cimetière Saint-Joseph*, où l'on sait que Molière

10.

fut inhumé précipitamment et mystérieusement
pour que son cadavre pût échapper aux ressenti-
ments des prêtres.

Enfin personne qui n'ait assisté au tableau du
cimetière de *Robert le Diable*, et qui n'a chanté en
imitant la voix de basse taille de Robert, la fameuse
invocation :

Nonnes, qui reposez sous cette froide pierre.

De même dans la scène de l'orgie au cloître de
la Nonne sanglante de Ch. Gounod, où l'on voit
aussi les fantômes sortir de leurs tombeaux.

Et *Roméo et Juliette!* avec le caveau funéraire des
Capulets où Roméo se tue sur le corps de sa
Juliette.

Et encore *Lucrèce Borgia!* lorsque Lucrèce après
avoir fait boire à ses cinq amants la coupe mortelle leur dit cette phrase devenue légendaire :

— Messeigneurs, vous êtes tous empoisonnés !

Et, sur un signe, fait entr'ouvrir les rideaux du
fond, qui laissent voir une chambre ardente avec
cinq cercueils entourés de cierges.

Nous n'en finirions pas s'il nous fallait énumérer
toutes les pièces de théâtres où la grande pour-
voyeuse des cimetières s'est vu mettre à la scène
par nos plus célèbres auteurs dramatiques.

LES HÉRITIÈRES S'ENTENDENT!...

XI

L'Administration des Pompes funèbres. — Les Croque-Morts.
— Leur Vestiaire. — Les maîtres de cérémonies.— Quand
il plaira à la Famille. — Le Magasin des tentures. —
L'atelier des femmes. — La Cave aux cercueils. — Les
Tarifs. — En voulez-vous un capitonné. — Les Voitures
du Siège. — La Salle du luminaire. — Le matériel des
fabriques. — La Succursale de Vaugirard. — Etymologie
du mot Corbillard. — Le chansonnier Gouffé. — Henri de
Bornier. — Foire à la vanité. — Les neuf classes. — Tarifs
anciens et tarifs d'aujourd'hui.

Rue d'Aubervilliers 104, une grande construction lourde, à l'aspect débonnairement bourgeois,
visant au monument et formant à elle seule un
long ilot d'un seul tenant.

La façade est en pierres blanches; elle ouvre
sur la rue une haute et large porte, d'où l'on
aperçoit une vaste entrée.

A droite, la direction, l'inspection et le logement
du directeur; — à gauche, les bureaux, la comptabilité, la caisse.

Au delà de l'entrée, une haute cour vitrée, sur
laquelle prennent jour les bureaux et les magasins.

Plus loin encore, une seconde cour occupée par les magasins et les remises des corbillards.

La rue d'Aubervilliers emprunte à l'incessant va-et-vient des corbillards, au passage constant des croque-morts, une physionomie particulièrement triste, comme si la lourde bâtisse à laquelle elle mène, pesait de tout son poids sur les épaules du passant.

Aussitôt la porte franchie, silence immédiat. Le corbillard, qui arrivait en trottinant, conduit par un cocher bonhomme, reprend, sous l'œil sévère du portier-consigne, l'allure digne et dolente de la profession.

Du moment où on entre dans cette vaste usine de funérailles, il faut s'attendre à voir les moindres choses sous un jour particulièrement sombre. Le noir domine. Depuis les tentures jusqu'aux chevaux, tout est sombre, tout est froid, tout est étiqueté, numéroté, rangé et classé.

Les chevaux sont numérotés, les voitures également. Les numéros des chevaux, des voitures, des harnais, des plus insignifiants accessoires se correspondent.

Au moindre appel, un chef de service se lève ; il fait un signe, et les hommes dont le tour de marche est venu, vont à leur poste.

Voitures, matériel, accessoires, chevaux, harnais, cocher, porteurs, [peuvent passer l'inspection. Tout est en règle.

Que de précision, que d'activité, pour régler le service de la Mort!

Les porteurs, pour leur donner le nom administratif, sont parqués dans une grande pièce, sorte de parloir garni de bancs en bois de chêne, noirci par le frottement.

Cette salle est à eux; ils y sont chez eux tous ensemble, et ils y pénétrent par une entrée spéciale ouvrant sur la rue Curial.

Ils sont là quatre cents qui attendent chaque matin.

Au milieu de la pièce un grand poêle.

Ces hommes ont d'étranges physionomies, que l'on voit là au naturel.

Le croque-mort en tenue et en fonctions, c'est l'employé d'une administration, qui le paye pour qu'il soit grave, sérieux, d'aspect sévère.

Figurez-vous un assemblage de gens étrangement vêtus; assis, la plupart, sur les bancs, quelques-uns somnolents, d'autres étendus, mais tous, invariablement tous, portant sur la physionomie l'empreinte d'une profonde lassitude.

Les uns en blouse, le plus grand nombre en veston. Il y en a qui portent le béret, mais les casquettes dominent. Quand au chapeau de haute-forme, il ne se montre jamais.

L'administration, prévoyante, a ménagé tout un corps de bâtiment pour messieurs les porteurs.

A chaque étage de ce bâtiment, se trouvent de

grandes salles dont le milieu est occupé par des rangées d'armoires.

Chaque armoire est numérotée ; elle a une serrure dont le croque-mort-propriétaire possède et emporte la clé.

A la partie supérieure de l'armoire, un trèfle découpé dans le bois et muni d'un grillage de fer, — ce qui permet d'entretenir dans ce réceptacle, une aération indispensable au point de vue de l'hygiène.

C'est là, en effet, que le croque-mort, après avoir fini son service, dépose ses effets jusqu'au lendemain.

Les porteurs laissent là leurs habits ; ils viennent de chez eux en civils, s'habillent à l'administration, et retournent chez eux le soir avec leurs costumes particuliers.

Tout est disposé pour leur commodité, il y a jusqu'à un barbier, un lavabo, un décrottoir, etc.

Les maîtres des cérémonies ont des chambres à part.

Ils ne sont pas souvent utilisés, ils sont à la journée, tant par convoi, ils sont habillés par les pompes funèbres, ils portent la culotte courte, l'épée, le chapeau à claque et les souliers à boucles.

C'est un métier qui demande des connaissances en gymnastique, il faut au maître des cérémonies, une souplesse dorsale toute particulière, une voix onctueuse et larmoyante pour dire, au moment où le convoi se met en marche : — Quand cela

plaira à la famille, il lui faut des mollets, surtout
beaucoup de dignité et un extérieur austère, car
c'est lui qui porte sur un coussin de velours voilé
de crêpe, les décorations du défunt.

Nous en avons connu un qui déjeunait tous les
jours à la mairie du deuxième arrondissement,
avec les employés du bureau des décès, qui étaient
tous des journalistes et des vaudevillistes.

En pénétrant dans le magasin des tentures on se
croirait dans un magasins de vêtements confec-
tionnés.

Il y a des rayons où on serre la marchandise,
des perches sur lesquelles on étend les draps
trop grands ou trop fins, ou ceux qui craignent les
plis.

Il y a des comptoirs immenses sur lesquels on
étend l'étoffe pour la replier avant de la rentrer.

Là se trouve tous les draps, tous les rideaux, de
toutes les classes, ayant chacun leur rayon dû-
ment étiqueté et numéroté ; la plupart sont roulés
à la façon des tapis d'hiver qu'on remise quand
vient l'été.

Tous ces rouleaux, enfoncés dans les rayons en
chêne, font des trous sombres effrayants à voir.

L'administration prend naturellement le plus
grand soin de son matériel, qui représente un
capital considérable.

S'il fait beau, les corbillards qui rentrent rapportent des tentures poudreuses.

Elles sont, dans ce cas, portées au *brossoir*,

11

placées sur d'immenses tables où elles sont épous-
setées jusqu'à ce qu'il n'en sorte plus un grain de
poussière.

S'il pleut, les tentures reviennent mouillées;
elles sont alors portées au *séchoir*, où on les étend
sur des perches et sur des cordes.

Le séchoir a une chaleur de 90 degrés. Quand on
monte l'escalier qui conduit à l'étage supérieur, et
qu'on arrive à la hauteur du plafond, on ne peut
plus respirer.

Heureusement, une porte s'ouvre, et on se trouve
dans le séchoir à froid.

C'est là que sont étendus les vêtements des
cochers de corbillard et des croque-morts.

Avant l'atelier des femmes, il y a celui des
hommes, qui fabriquent les grandes tentures. Aux
murs se voient d'immenses patrons en épais papier
gris, tel qu'on en rencontre chez les grands tapis-
siers.

L'atelier des femmes est la partie la moins triste
du vaste établissement. Si on pouvait y trouver un
coin gai, ce serait celui-là. En effet, si ici encore
le noir domine, au moins n'y trouvons-nous plus
le lourd silence dans lequel baignent les bureaux,
les magasins, les cours et les longs vestibules.

On entend là ce léger murmure qui se produit
partout où est la femme. Est-ce que des bouches
de femmes peuvent se fermer complètement à la
causerie ou au rire ?

Et ce frais éclat de rire aussitôt réprimé, nous

avons eu la surprise de l'entendre au moment où notre cicerone allait ouvrir la porte devant nous.

Il y a donc un peu de mouvement, un peu de vie dans l'atelier des femmes, et cela console le visiteur, peiné de voir ces pauvres ouvrières dont l'existence est faite de labeur, gagner leur pain en travaillant les choses de la Mort ; et notons-le, les choses luxueuses, les broderies, les crépines, les torsades d'argent.

En quittant les ateliers et en revenant à la cour d'entrée, on trouve à droite et à gauche, deux escaliers de pierre s'enfonçant en droite ligne sous le sol.

Les deux escaliers conduisent au même point. On descend trente marches et on se trouve à l'entrée d'un immense souterrain.

Malgré les becs de gaz qui brûlent dans ces profondeurs, on ne distingue d'abord que des rues bien tracées, bien alignées, s'enfonçant dans l'ombre, entre deux murs nus.

Mais peu à peu, l'œil s'habitue à cette demi-obscurité, et ce qu'il découvre est bien fait pour inspirer l'effroi.

Ce que le visiteur a pris pour des murs bordant des rues, n'est que la superposition des cercueils symétriquement rangés en étages, par taille, par longueur, par qualités.

Ces cercueils, vides encore, ne tarderont pas à être occupés, car la consommation est grande ! Tous les jours cent trente à cent cinquante de ces

« derniers vêtements » de l'homme sont hissés par
un treuil au rez-de chaussée et partent... pour ne
plus revenir.

Le souterrain, dans lequel domine l'odeur particulière du sapin, est coupé par une quinzaine de
rues, formées par plus de quinze mille cercueils,
tout préparés, prêts à servir.

La plus haute taille est de 1 m. 90 ; la plus petite
de 0.70.

Au-dessus de 1 m. 90, le cercueil doit être construit exprès. De même, quand on a à enterrer une
personne difforme ou un de ces phénomènes qui
font l'admiration des badauds sur les champs de
foire.

A gauche, et formant une division spéciale,
s'alignent les cercueils en plomb, parcourant,
comme les caisses en chêne ou en sapin, la gamme
de la taille humaine, depuis le nouveau-né jusqu'au géant.

Dans le fond, derrière les hautes piles des bières
amoncelées, sont étagées les grandes caisses carrées dans lesquelles on enferme les bières desti-
nées au voyage.

Ces caisses sont carrées et elles affectent la
formé d'un grand colis, afin que les gens timorés
ou ceux que le contact d'un mort impressionnent,
voient avec la plus grande indifférence embarquer
sur le bateau ou le train qui les emporte, cette
grosse caisse d'aspect ordinaire et ne se doutent
nullement qu'ils vont voyager avec un cadavre.

Près de la porte de sortie, encore des cercueils,
mais ceux-ci, debout contre le mur, sont de dimensions excessives. De deux à trois mètres de circon-
férence. Ils sont destinés à certaines obésités dont
il n'existe que de rares spécimens.

Il existe un tarif pour les cercueils de la naissance à 1 an, en sapin 6 francs, ordinaire 12 francs,
fort 18 francs, en plomb 50 francs, de 1 à 3 ans,
9, 15, 25, 70 francs ; de 3 à 7 ans, 12, 20, 30, 87
francs, de 7 à 15 ans, 15, 27, 47, 120 francs, de 15 à
20 ans, 18, 34, 47, 150 francs, de 20 et au-dessus, 20,
44, 60, 200 francs.

Il y a également pour les garnitures à l'intérieur
de la naissance à 1 an, percale 10 francs, satin 40
francs, laine 15 francs, de 1 an à 3 ans 12, 60, 78
francs, de 4 à 7 ans, 15, 80, 22, de 7 à 15 ans, 20,
100, 30 francs, de 15 et au-dessus 30, 120, 45
francs.

Pour les garnitures à l'extérieur de la naissance
à 1 an, drap 60 francs, velours 120 francs, de 1 à 3
ans 80, 160 francs, de 3 à 7 ans, 100, 200 francs, de
7 à 15 ans, 120, 250 francs, de 16 ans et au-dessus
147, 300 francs.

Également près de la porte, dans un angle, une
trentaine de voitures à bras de forme particulière,
peintes en vert avec filets noirs, supportées par
deux roues et hermétiquement closes.

Ces voitures ne sortent que dans des cas de
calamité publique ; lorsque quelque épouvantable
épidémie décime la population.

Dans ces souterrains à la longue, l'âme la plus inaccessible aux influences des milieux, se sent peu à peu envahie et dominée par la tristesse.

La respiration devient brève, les mains tremblent, les jambes faiblissent, et la démarche se fait incertaine. On a soif de lumière et de grand air.

Pendant le siège de 1870, le service des pompes funèbres était fait par des petites voitures à bras, qui sont remisées dans un coin. On avait mangé les chevaux !

Dans la salle du luminaire, on y voit des milliers de lustres, de candélabres, de chandeliers et de torchères, le tout argenté et constellé de taches de suif qui exigent un entretien minutieux et quotidien.

Les chandeliers sont soigneusement classés dans de longues boîtes noires, rectangulaires qui ressemblent aux cercueils de campagne.

Les torchères dans lesquelles on brûle aux quatre coins des grands catafalques, de 1ʳᵉ et de 2ᵉ classes, des éponges imbibées de liquide chimique, analogues aux flammes de bengale, se détériorent tout particulièrement, une trentaine d'ouvriers qui atteignent aisément la fin de la journée avec ce travail, astiquent, polissent, brunissent les flambeaux funèbres qui servent aux neuf classes de convois.

Ce qu'il y a de particulièrement intéressant à examiner, c'est le matériel funéraire des diverses églises, rangé, classé, et bien en ordre,

Chaque paroisse, en effet, a ses tentures, ses candélabres, ses fauteuils, ses prie-Dieu spéciaux, ses catafalques, ses draperies de portail et d'autel.

A chaque service nouveau, c'est le même matériel qui revient dans chaque paroisse, augmenté ou diminué, suivant la classe que la famille du mort a choisie.

Là se trouvent encore les tentures, chevalets, bénitiers, flambeaux, pour l'édification et l'ornementation des chapelles ardentes.

Dans une salle à part, est groupé le matériel complet des cérémonies exceptionnelles, qui ont lieu à Notre-Dame ou aux Invalides.

Tout est prêt, net, propre, astiqué ; sur un ordre, tout sera placé sur des fourgons, transporté et posé en quelques heures.

Les pompes funèbres ne sont plus que la régie des fabriques des églises dont elles ont le monopole. La Ville n'a à voir que dans l'immeuble dont elle est propriétaire. MM. Waflard, Bélier et Cᵒ, ont fait les fonds nécessaires aux constructions qui s'élèvent rue Curial et dont la dépense s'élève à environ 5 millions.

Les fabriques touchent tous les bénéfices qu'encaissent les pompes funèbres, mais elles se chargent de tous les frais. Le directeur général est payé par les fabriques.

La compagnie générale des pompes funèbres avait plusieurs succursales dans Paris, elle n'en a

plus qu'une, boulevard de Vaugirard, 15. Cette
succursale occupe 80 porteurs, 25 paires de chevaux de corbillard et elle fournit un matériel en
conséquence.

Cette succursale fait les convois des 6ᵉ, 7ᵉ, 13ᵉ,
14ᵉ et 15ᵉ arrondissement. On lui a retiré le 16ᵉ
arrondissement au mois de janvier 1874.

Les corbillards remisés rue de Vaugirard ne font
que les enterrements de 5ᵐᵉ 6ᵐ• 7ᵉ, 8ᵉ et 9ᵉ classes.

On écrivait autrefois *corbillard*, comme le
demandait l'étymologie. On désignait sous ce nom
l'ancien coche d'eau qui faisait le service entre
Paris et Corbeil, on a dit aussi *corbillas* et *corbillat*.

Aujourd'hui la destination du *corbeillard* est bien
changée !

Ce char des morts qui a inspiré à Louis Ulbach
cette boutade : — le soleil verse tant de rayons sur
les corbillards qui passent, qu'il met de l'entrain
dans les pompes funèbres et donne l'aspect d'une
fête à des enterrements.

Il avait aussi bien inspiré avant Ulbach, le
chansonnier Gouffé. Jules Janin et Henri de Bornier ont également poétisé cette voiture dont le
cocher n'a jamais à redouter de récrimination de
la part de son client ; Gouffé a chanté ainsi le corbillard :

Que j'aime à voir un corbillard,
Ce goût-là vous étonne ?
Mais il faut partir tôt ou tard,
Le sort ainsi l'ordonne

> Et loin de craindre l'avenir,
> Moi, de cette aventure
> Je n'aperçois que le plaisir
> De partir en voiture.

Autrefois le corbillard surmonté de panaches et orné de tous les ornements du luxe et de la vanité était exclusivement réservé au transport des morts de haut rang ; les rois, les princes, les grands seigneurs avaient seuls droit au corbillard, traîné par six ou huit chevaux richement caparaçonnés et empanachés. Quand aux gens du peuple, ils étaient simplement portés à bras, comme on porte encore les morts dans les villages.

L'archevêque de Paris se refusait obstinément qu'on se servît de carrioles ou de *corbillards* pour le transport des corps; voici la raison qu'il donnait:

— S'il faut un chariot pour chaque corps, le nombre en serait infini ; la dépense énorme, l'embarras inexprimable, les rues de Paris déjà trop embarrassées de voitures ne seraient plus praticables. On n'y rencontrerait plus que des chars mortuaires qui se croiseraient sans cesse et feraient obstacles aux passages de toutes les autres voitures et aux piétons.

Ce fut la révolution qui décida qu'à l'avenir *tous les citoyens* seraient conduits au cimetière au moyen du corbillard, mais comme les riches veulent et voudront toujours se distinguer des pauvres, même après leur mort, on imagina les

11.

corbillards de *sept* classes différentes. Aujourd'hui on en compte neuf.

Cette vaste entreprise dispose de ressources exceptionnelles et a à son service un personnel considérable et une imposante cavalerie; elle pourvoit annuellement à plus de cinquante mille convois funèbres, ainsi que le démontre trop éloquemment les chiffres suivants :

	Enterrements ordinaires	Enterrements pauvres	Total
1875	21.002	29.982	50.984
1876	22.490	31.487	53.976
1877	21.748	31.990	52.738
1878	22.883	30.596	53.479
1879	24.451	32.696	57.147
1880	24.155	20.929	45.084

Tarifs comparatifs des enterrements :

1379

Au sergent du cloître pour faire la fosse en l'église de Paris et pour tous droits à lui appartenant................................. 40 sous.

Au juré maçon de l'église de Paris pour massonner la dicte fosse, lever et asseoir les pierres plates dessus, et pour plâtre et main d'œuvre.................... 112 sous 8 deniers.

A Jehan de Luaz et Oudin Mouton, herbiers et apoticaires, pour appareiller et mettre à point le corps.............................. 8 francs.

Toile cirée pour envelopper le corps. 35 sous.

Cercueil................................. 20 sous.

(Ledit cercueil tout revestu en la manière accoutumée.)

FRAIS D'ENTERREMENT DE JEAN DE HETOMESNIL,
CHANOINE DE PARIS

1380

3 aulnes de toils de lin pour l'ensevelir.

Sercueux à le porter en terre........ 16 sous.

Pour oster la terre de la fosse et les carreaux qui étaient dessus la dite terre et remettre la terre et les dix quarreaux sur le corps, pour tout. 9 sous.

6 crieurs de corps................. 48 sous.

FRAIS D'ENTERREMENT DE JEAN ROUSSEL,
CHAPELAIN DE LA SAINTE-CHAPELLE.

1385

1 ouvrier et 2 compagnons pour faire la fosse en la chapelle Saint-Michel .... 12 sols.

Pour un serqueuz et portage d'icellui cercueil............................... 9 sols.

A ceux qui osterent la terre qui était demorée dehors la dicte fosse, et icelle porterent au cimetière de la Sainte-Chapelle.............. 2 sols.

A Bertran l'Asne, crieur qui aida au service et au dîner................................ 10 sous.

A un maçon pour remaçonner la fosse et pour plastre................................ 6 sols.

A messire Pierre de Saint-Médard, chapelain fermier de la chapelle Saint-Michel, droit de sépulture............................ 4 livres 4 sols.

1664

AU CURÉ

Droits curiaux..................	20^l	
Pour l'assistance de 45 prêtres..	67	10^s
Pour les enfants de chœur.....	3	
Pour le sacristain..............	5	
Pour les deux prêtres qui ont veillé un jour auprès du corps.	6	
Pour les droits du sacristain...	6	
Pour un prêtre qui a veillé une nuit.......................	3	
Pour les 4 porteurs qui ont porté le corps....................	6	

116.10

AUX MARGUILLIERS

Pour le droit d'ouverture de la fosse dans l'église..........	100
Pour les beaux ornements à larmes d'argent pour le grand autel, durant le service......	18
Pour la grosse sonnerie.........	10
Pour les beaux parements pour la chapelle des dames........	6
Pour 24 chandeliers d'argent, croix et bénitier, et autres argenteries	20
Pour le beau poêle à larmes d'argent	10

164

Total...... 280.10

ENTERREMENT DE NICOLAS DE FURETIÈRES, AVOCAT AU PARLEMENT

1697

Mémoire des fossoyeurs de Saint-Louis pour bierre, fosse, rétablir la fosse, emplastrer les carreaux, descendre le corps de la chambre en bas, l'avoir mis en présentation à la porte, port de poielle (poêle) et argenterie, réception du corps à l'église, descente dans la fosse........ 12 livres.

1888

1re CLASSE, no 1, m. mortre. 551 fr., no 2, 511 fr.
— — cortège... 1,636 fr., — 1,218 fr.
— — Portail et catafalque
église .... 1,088 fr., — 838 fr.

Sans la tenture intérieure de l'église, dont le prix est no 1, 3,025 fr., no 2, 1,555 fr., et encore ce prix varie suivant le métrage de l'église et suivant les classes.

Dans ces chiffres ne sont pas compris : les écussons, cercueil, plaque, capitonnage intérieur, garniture extérieure, quêtes, offrandes, deuil, pauvres, etc., etc.

Cérémonie religieuse no 1, 856 fr., no 2, 786 fr.

2e CLASSE, no 1, mais. mortre. 419 fr. no 2, 355 fr.
— — cortège ..... 846 fr. — 790 fr.
— — Portail et catafalque
église........ 508 fr. — 398 fr.
Cérémonie religieuse no 1. 633 fr. — 553 fr.

3ᵉ CLASSE, n° 1, mais. mortᵉ. 221 fr. n° 2, 194 fr.
— — cortège..... 414 fr. — 347 fr.
— — Portail et
catafalque
église....... 316 fr. — 316 fr.
Cérémonie religieuse n° 1.. 345 fr. — 297 fr.

4ᵉ CLASSE, n° 1, mais. mortᵉ. 126 fr. n° 2, 120 fr.
— — cortège...... 260 fr. — 209 fr.
— — Portail et
catafalque
église....... 110 fr. — 110 fr.
Cérémonie relig., n° 1, 249 fr. 75, n° 2, 204 fr. 75.

5ᵉ CLASSE, n° 1, mais. mortᵉ. 99 fr. n° 2, 81 fr.
— — cortège...... 114 fr. — 58 fr.
— — Portail et
catafalque
église....... 73 fr. — 61 fr.
Cérémonie relig., n° 1, 161 fr. 75, n° 2, 141 fr. 75.

6ᵉ CLASSE, n° 1, mais. mortᵉ. 61 fr. n° 2, 55 fr.
— — cortège...... 42 fr. — 27 fr.
— — Portail et
catafalque
église....... 12 fr.
Cérémonie relig., n° 1, 61 fr. 50, n° 2, 51 fr. 50.

7ᵉ CLASSE, n° 1, mais. mortᵉ.. 42 fr. n° 2, 36 fr.
— — cortège....... 37 fr. — 22 fr.
Cérémonie religieuse n° 1... 30 fr. — 20 fr.

8ᵉ Classe.	Corbillard................	15 fr.
—	Cérémonie religieuse	15 fr.
9ᵉ Classe.	Taxe et bière............	14 fr.
—	Cérémonie religieuse	10 fr.

XII

Le privilège d'être enterré dans les églises étant
réservé aux puissants et aux riches, les cimetières
c'était pour le *Vulgum Pecus*.

Les bons bourgeois s'imaginaient que leur âme
aurait plus de part aux prières et aux sacrifices,
lorsque leurs corps serait plus près des autels et
des prêtres. De là leur empressement à être mis
dans les églises et jusque dans le sanctuaire, persuadés que les suffrages agissaient sur eux avec
plus d'efficacité, et en raison des distances. C'est
ainsi qu'on donnait une sphère d'activité à des
prières et à des cérémonies religieuses dont l'effet
immédiat est tout moral.

Les prêtres ne tenaient aucun compte des protestations auquel ce pernicieux usage donnait lieu.

le père Porié, dans ses lettres imprimées à Caen en 1745, protesta contre l'usage d'inhumer les morts dans les églises, à peu près dans les mêmes termes que le fit saint Chrysostome au quatrième siècle de l'ère chrétienne.

Le roi Louis XVI, dans une déclaration concernant les inhumations, donnée à Versailles le 10 mars 1776, interdit l'inhumation dans les églises pour toutes les personnes ecclésiastiques ou laïques, de quelque qualité ou dignité qu'elles puissent être à l'exception des archevêques, évêques, curés, patrons des églises, hauts justiciers et fondateurs de chapelles.

Les personnes désignées pour jouir de cette exception étaient obligées de faire construire des caveaux pavés de grandes pierres, et les inhumations ne pouvaient y être faites qu'à six pieds de profondeur au-dessous du sol intérieur, *sous quelque prétexte que ce fut.*

A la fin on cessa d'enterrer dans les églises.

Les archevêques seuls, sont enterrés à la cathédrale de Notre-Dame, dans un caveau spécial.

Diderot, l'auteur de *Jacques le fataliste*, est, dit-on, inhumé à Saint-Roch, aucune inscription, ni aucune pierre tumulaire, n'indique que celui qui faisait publiquement profession d'athéisme ait été enterré dans cette église.

Les registres de la paroisse, restés intacts depuis la construction de Saint-Roch, c'est-à-dire vers l'année 1640 ne font aucune mention de cette inhumation.

Il existe sous la chapelle de la Nativité, située derrière le maître-autel, une crypte souterraine, renfermant un grand nombre de cercueils et de pierres tumulaires, mais ces cryptes furent murées au moment de la première Révolution, puis réouvertes plus tard et murées de nouveau.

La plupart des églises contiennent des monuments remarquables dus aux ciseaux de nos plus habiles sculpteurs.

Sous la Commune, les communards ne pouvaient manquer de faire des recherches dans les églises, après les avoir pillées, proscrits les prêtres, pour justifier leurs vols et leurs mesures arbitraires.

Un nommé Leloup, commissaire de nous ne savons quoi, ayant appris (ce qui n'était pas sorcier) qu'il y avait à Saint-Laurent, une crypte, la fit ouvrir, et, voici le récit de ce bel exploit qui fut vendu dans tous les quartiers de Paris.

C'est un document des plus rares :

« C'est ici l'autel de la Vierge.

Une petite église dans l'église, le tabernacle du Dieu femme, aux pieds duquel les femmes viennent prier.

Elle est debout, la Madone, dans sa parure blanche, avec l'enfant Jésus entre ses bras.

Sur sa tête se déroule l'inscription :

Notre-Dame des Douleurs, priez pour nous!

Des .tableaux, des statues, des fleurs, des
cierges entourent la consolatrice des affligés.
A travers les vitraux rougis, le soleil de mai la
caresse de sa chaude lumière.

Ah ! si ce lieu tient ce qu'il promet, il doit être
doux de venir s'agenouiller ici. Sans doute les
âmes brisées y trouvent la force de vivre encore,
et l'oubli ou le don d'espérer.

Autel privilégié.

Cette inscription flamboie au-dessus des saintes
et des anges. Et des plaques de marbre dans le
mur la confirment en lettres scellées d'or.

Par la voix des mères reconnaissantes et des
petits enfants sauvés de la mort, elles semblent
déclarer que tout, dans ce coin solitaire, est dou-
ceur, paix, sainteté.

Mais quel est ce trou béant qui s'ouvre sous
l'autel, obstrué à l'entrée par des bouts de cierges,
des décombres, des ossements humains ? Douze,
quinze marches, deux énormes piliers qui sou-
tiennent les voûtes, et au fond de tout cela un
souterrain.

C'est une cave demi-circulaire, placée juste sous
l'autel de la Vierge, et en reproduisant les con-
tours.

C'est la crypte, l'endroit mystérieux où, dans les
vieux âges, on enfouissait les trésors de l'église
ou du couvent.

Une odeur fade, indéfinissable, monte de là par bouffées ; d'épaisses ténèbres, des murs étroits, qui semblent vouloir se rapprocher pour se fermer autour de vous, et faire au visiteur un manteau de pierre à la mesure de son corps.

Pourtant des jets de lumière se détachent sur les murs. Des lampes brillent, des voix d'hommes se font entendre.

Ils déblayent les cendres, sans doute, il doit y avoir là des tombeaux de saints, des os de martyrs.

Eh bien ! non...

Il y a quatorze cadavres, quatorze squelettes, méthodiquement alignés.

Quatorze squelettes de femmes !

De femmes jeunes, enfouies ici depuis dix ans, douze ans, quinze au plus.

C'est l'opinion unanime des médecins de toute nation, Français, Anglais, Américains, qui ont contemplé ce spectacle terrible.

On a retrouvé encore un peigne, une chevelure blonde, que les visiteurs peuvent voir et toucher.

On a constaté, sur l'un des squelettes, la présence d'un de ces petits vers blancs qu'on ne trouve que sur les chairs en décomposition.

Tous ces squelettes ont la même attitude : les jambes écartées comme par un mouvement convulsif, les mains rapprochées sur le ventre comme si elles avaient été liées.

Mais l'horrible, le monstrueux, ce qui défie toute

description, c'est l'effort des muscles du cou, ce sont ces crânes tournés en sens contraire du corps, ces bouches ouvertes, béantes, affreusement grimaçantes dans un suprême effort pour aspirer le jour, la lumière, la vie !

Un des assistants, un ouvrier qui travaille ici depuis plusieurs jours, mène les visiteurs, la lampe à la main, à travers ces squelettes ; de temps à autre on trébuche contre un crâne ou un tibia.

« Ces femmes, dit-il, ont dû être endormies, par le chloroforme peut-être, puis violées. — On leur aura lié les mains et les jambes, et on les aura apportées ici pendant leur sommeil. Les vêtements ont dû être brûlés dans quelque coin. »

La voyez-vous, cette scène horrible, ces jeunes femmes, ces jeunes filles, attirées par des promesses ou l'espoir du plaisir, qui se réveillent ici, liées, scellées, murées vives ? Dans ces ténèbres, dans cette horreur, adossées à des cadavres, avant de devenir cadavres elles-mêmes, se sentant lentement mourir, et râlant, et hurlant, sans que personne entende, sans que personne vienne, pendant que là haut, dans la rue, les voitures roulent, le soleil brille sur les vieilles murailles, pendant que les enfants chantent, et que l'homme de Dieu, les yeux baissés, le bras étendu, bénit les âmes dévotes agenouillées au pied de l'autel !

Le certain, c'est qu'il y a eu crime.

Quiconque verra cela dira :

Ces femmes ont été liées ;
Elles sont mortes ici ;
Elles ont affreusement souffert avant de mourir.

Aucune d'elles n'a été déposée dans un cercueil, car le bois fût-il pourri, on aurait retrouvé les clous et les ferrures. D'ailleurs, il n'y a pas entre deux de ces cadavres l'espace suffisant pour contenir les parois de deux cercueils.

Quatre sont à l'extrémité droite, toutes la tête au mur, la bouche tournée vers l'escalier, par où filtrait peut-être un peu d'air. Elles ont encore à peu près toutes leurs dents. Celle qui se trouve le plus à droite était d'une grande taille. La bouche pleine de terre a dû rester ouverte dans un cri suprême d'agonie désespérée.

Au centre, deux autres couches de cadavres, dont un seul est tourné différemment ; celui-là a la tête séparée du tronc, c'est là que le caveau atteint sa plus grande largeur.

La partie gauche n'est pas encore déblayée ; mais sous la couche de terre qui la recouvre, passent des extrémités de bras et de jambes contre lesquelles le pied se heurte avec un bruit sec. Il faudra creuser six pouces peut-être ou guère davantage.

En attendant on vient contempler ces restes. On regarde avec effarement ces piliers noirs, ces soupiraux bouchés, tant de drames entassés sur un espace aussi étroit !

Pour peu qu'on séjourne ici, la tête et les yeux

se troublent... L'escalier était obstrué d'une couche de chaux et de vieux ossements provenant de
l'ancien monastère; qui se serait avisé d'aller soup-
çonner là dessous des cadavres récents, des crimes
d'hier peut-être?

Qui aurait ajouté foi au témoignage de Verger,
protestant sur la guillotine qu'il avait entendu des
voix plaintives sortir des profondeurs de l'église
Saint-Laurent?

Mais, après le 18 mars, en soulevant le tapis qui
recouvrait l'escalier, à l'entrée de la nef, on vit
une dalle mal scellée, percée de deux trous.

On fouilla.

On trouva trois cadavres de femmes.

Ainsi vint l'idée de fouiller de fond en comble
ce lieu maudit.

Tout le clergé de Saint-Laurent avait à l'avance
disparu. Et maintenant ces vierges et ces anges,
ces *ex-voto*, ces tableaux de saints, ces fleurs en
carton, bons petits Jésus, petits agneaux mys-
tiques, toute cette défroque hypocrite, tout cet
appareil jésuitique et félin, soulève le cœur et le
remplit de dégoût.

C'est en vain qu'un rayon de soleil traverse les
fenêtres de l'église, se colore à travers les vitraux,
et inonde d'une chaude lumière violette les dalles
et les pilliers.

L'odeur du crime est ici.

Mères de familles crédules, vous qui confiez
aux prêtres l'honneur et la vie de vos enfants;

vous pour qui toute attaque contre le clergé est
calomnie ou blasphème, venez voir ce que renferme dans ses hideux caveaux la vieille église
de l'enclos Saint-Laurent! Vous vous plaignez
que les actes et les paroles de vos saints soient
méconnus par les révolutionnaires ou travestis
par eux.

Ici, rien de pareil n'est possible.

Le prêtre a travaillé seul!

A son aise,

Dans les ténèbres...

Ici le catholicisme est à l'œuvre :

Contemplez-le! »

Il est superflu de faire ressortir l'imbécilité et la
mauvaise foi de ce placard qui fut vendu à profu-
sion, une foule nombreuse alla visiter « la découverte des cadavres de l'église Saint-Laurent »; le
spectacle valait la peine d'être vu, et à bientôt dix-
huit années de distance il est encore devant nos
yeux. Il y avait d'habiles cabotins, d'habiles met-
teurs en scène parmi messieurs les communards.
L'église vers le 12 mai 1871 était dévastée, les
tableaux descendus des murailles qui avaient été
sondées laissaient voir de grands trous béants, le
sol était défoncé, les dalles avaient été soulevées,
on avançait péniblement dans l'église, au milieu
des débris de plâtre, de pierres, enfin au fond la
fameuse crypte; nous descendons à tâtons les
quinze ou seize marches, et, tout à coup une vive
lumière frappe nos yeux éblouis de la transition

du sombre ; un homme avec une barbe d'un demi-
pied, une vraie barbe à poux, vêtu d'un vêtement,
sans doute une soutane volée dans la sacristie, à
laquelle il avait fait coudre des boutons de garde
nationale et des galons de sergent se tient au
pied des marches ; c'est le « citoyen » chargé de
« l'explication. » Il débagoulait sans barguigner,
ce pître sinistre, un boniment odieux ; à l'appui,
il montrait trois ou quatre dents et quelque chose
ayant l'apparence de cheveux blonds enfermés
dans une résille de soie. — Voilà les cheveux des
victimes. Un docteur célèbre était avec nous, on
ne pouvait mieux faire que de lui demander son
opinion :

— Ces dents remontent à plus de deux cents ans,
répondit-il ; quand aux cheveux c'est de la filasse
comme on en met sur la tête des enfants Jésus en
cire, dans les crèches, à la fête de Noël, pour
simuler les cheveux.

— Et les cadavres ?

— Aucun n'est en place, et aucune pièce n'ap-
partient au même squelette, c'est de la mise en
scène tout simplement.

Ce qui n'empêche qu'il existe encore des gens
persuadés que l'église Saint-Laurent a été le
théâtre d'une série de crimes impunis.

Les communards fouillèrent également l'église
Notre-Dame-des-Victoires ; comme à Saint-Laurent

ils trouvèrent une crypte, mais les squelettes n'eurent pas l'honneur d'une exhibition publique, c'est
à croire que leur insuccès de l'exhibition de l'église
Saint-Laurent les en avaient dégouté, car l'affluence des visiteurs n'avrit pas été considérable,

Retour de Sainte-Hélène. — Arrivée des cendres de Napoléon.
— Une marche triomphale. — Des funérailles exceptionnelles. — Au nom de la France. — Le mausolée de
l'Empereur Napoléon Ier aux Invalides. — Funérailles de
l'amiral Courbet. — Victor Hugo au Panthéon. — Gambetta. — L'enterrement de Victor Noir.—Les obsèques de
Jules Vallès. — Le convoi d'un bohème. — Le dernier
sommeil du matelot. — Deux enterrements gais. — Invalides et belle-mère.

Les honneurs funéraires furent rendus aux
restes de Napoléon Ier à leur retour de Sainte-Hélène, le 15 décembre 1840, à Paris, malgré une
température sibérienne dont les contemporains
ont gardé le souvenir,

Les cendres de Napoléon reposaient depuis dix-
neuf ans à Sainte-Hélène, lorsqu'à la suite de négo-
ciations entamées avec le cabinet anglais, la
Chambre des Députés vota un million pour leur
translation dans l'église des Invalides et pour la
construction d'un tombeau « digne du nom qui devait y être gravé », million auquel il a fallu depuis
en ajouter bien d'autres. C'était le 12 mai 1840, le

6 juillet suivant, la frégate *la Belle-Poule*, commandée par le prince de Joinville, partait de Toulon à
destination de Sainte-Hélène. Le 15 octobre à mi-
nuit l'exhumation fut commencée; à dix heures du
matin, le cercueil était à découvert dans la fosse.
Après l'en avoir retiré intact on procéda à son ouverture et le corps fut trouvé dans un état de conservation inespéré. Il portait l'uniforme vert de colonel des chasseurs à cheval de la vieille garde et
sur la poitrine la décoration de la Légion-d'Honneur
et de la Couronne de fer. Il avait son chapeau à ses
genoux; à ses pieds deux vases d'argent contenaient son cœur et ses entrailles. A trois heures et
demie le canon des forts annonçait à la rade que
le cortège funèbre se mettait en marche vers la
ville de James-Town. Au bord de la mer, devant
toute la division française, le gouverneur de l'île
remit au prince de Joinville, au nom de son Gouvernement, les restes de l'Empereur. A bord le cercueil fut porté sur le gaillard d'arrière, disposé en
chapelle ardente. Le 18, vingt-cinq ans, jour pour
jour après son débarquement sur cette terre d'exil,
Napoléon reprenait le chemin de la France ; le 14
décembre il touchait les rives de la Seine ; le lendemain 15 avait été choisi pour la cérémonie so-
lennelle de sa translation aux Invalides. Cette cérémonie fut accompagnée d'un appareil architec-
tural, exécuté en charpente, et en maçonnerie
temporaire et qui avait un aspect plutôt triomphal
que funèbre.

PAIN ET FROMAGE!

A Courbevoie, une colonne marquait la place où vint aborder la flottille de trois bateaux à vapeur qui rapporta les restes mortels de l'empereur en remontant le fleuve depuis le Havre. Derrière elle s'élevait un temple grec, où le cercueil avait été déposé le 14 au soir.

Le cortège partit du pont de Néuilly, suivit l'avenue de ce nom jusqu'à l'Arc de Triomphe de l'Etoile, pénétra par la barrière de l'Etoile, longea la grande avenue des Champs-Elysées, traversa la place et le pont de la Concorde, suivit le quai d'Orsay, l'esplanade des Invalides, et s'arrêta à la grille de l'Hôtel. L'avenue de Neuilly était bordée de trépieds sur des piédestaux, et de drapeaux tricolores.

Autour de l'Arc de l'Etoile 12 mâts à pieds dorés faisaient flotter dans les airs des flammes aux couleurs nationales portant les noms des armées du Consulat et de l'Empire.

Sur l'arc même un groupe colossal représentait l'apothéose de Napoléon, debout devant son trône, entre le génie de la guerre et celui de la paix. Aux angles du monument, 2 statues équestres figuraient, sous forme de renommées, la gloire et la grandeur, 34 colonnes en forme d'obélisques sur une haute base, et couronnées par un globe supportant un aigle doré aux ailes déployées, bordaient les Champs-Elysées dans toute leur étendue un écusson accroché à chaque colonne, et flanqué de 4 drapeaux tricolores, portant un nom de bataille. Dans les intervalles d'une colonne à l'autre, 36

grandes statues blanches de victoires ailées se
dressaient sur des piédestaux de 3 mètres de hauteur, chacune entre deux trépieds dorés, posés
sur de semblables piédestaux et dans lesquelles
brûlaient des flammes de couleur.

Les quatre angles du pont de la Concorde étaient
ornées de colonnes triomphales cannelées, portant
aussi un aigle aux ailes ouvertes et des drapeaux
à la base. Sur les piédestaux des piles, 8 statues
de proportions moyenne complétaient cette décoration et représentaient, la Justice, la Prudence,
la Force, la Guerre, le Commerce, les Beaux-Arts,
l'Agriculture et l'Eloquence. Au débouché du pont,
sur le perron de la Chambre des Députés, une
colossale immortalité semblait attendre le guerrier
mort.

32 statues sur piédestaux, représentant des rois
et illustres capitaines, s'élevaient de chaque côté
de la chaussée de l'esplanade des Invalides. Des
trépieds dorés, pareils à ceux des Champs-Elysées,
brillaient entre elles. Derrière cette imposante
décoration, s'élevaient des gradins ornés de tentures et occupés par 30,000 spectateurs en habits
de deuil. Sur le quai, à l'extrémité de la chaussée,
une statue de Napoléon, en costume impérial, et
la main gauche appuyée sur un sceptre surmonté
d'un aigle, faisait face à l'Hôtel-des-Invalides.

Le char funèbre, composé d'un soubassement à
panneaux encadrés dans des colonnettes, et orné
d'une grande draperie au chiffre de Napoléon,

était à 4 roues pleines et dorées. Sur le soubassement 14 figures de femmes, représentant nos
principales victoires, portaient un cénotaphe orné
de la couronne, du sceptre, du manteau impérial ;
un grand voile transparent de crêpe noir couvrait
le tout.

Seize chevaux noirs empanachés, caparaçonnés
de housses dorées aux armes de l'Empereur et atte-
lés par quatre de front, tiraient ce char colossal
haut de 11 mètres, long de 10 et large de 5 ; huit
valets de pied conduisaient par la bride les chevaux extérieurs de chaque côté. Un immense cortège militaire, où tous les corps de l'armée étaient
représentés, suivait avec un grand nombre d'officiers généraux y compris le prince de Joinville et
son état-major.

La garde nationale faisait la haie d'un côté, la
troupe de ligne de l'autre.

A la grille des Invalides, le cercueil fut pris à
l'épaule par 36 sous-officiers de la garde nationale
et de l'armée de ligne et porté à l'église sous le
dôme, dans un magnifique catafalque. L'église
était toute tendue jusqu'au premier ordre d'architecture de velours violet, parsemé des insignes
impériaux en or. Le clergé était vêtu de violet,
couleur affectée à l'office des martyrs. Le roi Louis
Philippe se trouvait sur un trône dressé à droite
de l'autel, ayant à ses côtés les princes de la
famille royale et ses aides de camp. Lorsque le
cortège funèbre fut entré, le prince de Joinville

s'approcha du roi et lui dit : « Sire, je vous présente le corps de l'empereur Napoléon. » Le roi
répondit : « Je le reçois au nom de la France. » Un
aide de camp porta sur un coussin l'épée de l'empereur au maréchal Soult, qui la remit au roi :
« Général, dit le roi au comte Bertrand, je vous
charge de placer la glorieuse épée de l'empereur
sur son cercueil. » Le service fut célébré par l'archevêque de Paris et termina cette cérémonie qui
avait duré de neuf heures du matin à quatre
heures de l'après-midi. Déposé dans la chapelle
Saint-Jérôme, le corps de Napoléon Ier n'occupa
que longtemps après le mausolée qui fut élevé
sur les plans de Visconti.

Le maître-autel de l'Hôtel-des-Invalides est un
véritable chef-d'œuvre; son baldaquin doré est
soutenu par quatre colonnes torses monolithes,
d'un marbre précieux de huit mètres de hauteur
sans les chapiteaux et les bases sur 0{m}90 de diamètre. L'autel, en marbre noir, est supporté par
un soubassement en marbre vert, dont la base
est en marbre noir orné de panneaux en granit
antique. On monte à l'autel par dix marches de
marbre blanc.

De chaque côté du massif en marbre elliptique,
qui supporte l'autel, se trouve un escalier de
marbre blanc conduisant à la crypte, où est le tombeau de Napoléon Ier, exécuté sous la direction de
Visconti. A droite et à gauche de l'entrée de cette

crypte se trouve les cénotaphes des maréchaux du palais, Duroc et Bertrand.

De chaque côté de la porte en bronze qui donne entrée sous la crypte sont placées deux colossales statues de bronze exécutées par Duret. Après avoir descendu vingt-six marches de marbre blanc, on se trouve en face du sarcophage qui contient le cercueil de Napoléon Ier. Ce sarcophage est placé au milieu d'un espace circulaire entouré d'une galerie qui s'étend sous le pavé du Dôme, et au plafond de laquelle sont suspendues des lampes funéraires. Cette galerie est décorée de dix bas-reliefs de marbre blanc, composés par Simart, et rappelant les grands faits de la vie de Napoléon. La partie de la crypte où se trouve le sarcophage est à ciel ouvert et n'a pour voûte que la coupole du dôme. Le sarcophage, taillé dans un bloc de granit rouge de Finlande est placé sur un pied de granit vert des Vosges. L'intérieur est doublé de marbre de Corse. Douze statues colossales de marbre blanc, sculptées par Pradier et représentant des Victoires, forment les piliers sur lesquels s'appuie la galerie circulaire de la crypte. En face de l'entrée du tombeau se trouve, sous la galerie, une sorte de chapelle obscure à laquelle on a donné le nom de reliquaire et qui contient divers objets ayant appartenu à Napoléon. Au fond de la chapelle, dont les parois sont recouverts de marbre noir, se trouve une statue en marbre blanc de Napoléon, en costume impérial, par Simart.

Le vendredi 28 août 1885, furent célébrées à midi,
dans la chapelle de l'Hôtel-des-Invalides, les obsèques solennelles de l'amiral Courbet. La cérémonie religieuse était présidée par Mgr Richard,
coadjuteur de l'archevêque de Paris; c'est M. l'abbé
Petit, vicaire général et chancelier de l'archevêché,
qui célébra le service religieux.

Dès la veille, l'Hôtel-des Invalides avait été richement décoré. Le portail Louis XVI, qui fait face à
la grille principale et dont la hauteur n'atteint pas
moins de vingt-six mètres, disparaissait complètement sous les tentures; on avait exhaussé le
cintre et on l'avait surmonté d'un motif représentant l'arrière du *Bayard* avec un canon de 19 centimètres en batterie et tout un entourage d'attributs
maritimes, tels que porte-voix, gouvernail, bous-
soles, lunettes, ancres. Le portail Napoléon, qui
précède immédiatement l'entrée de la chapelle,
avait été recouvert de longues tentures noires
brodées d'argent et rehaussées de cartouches
dorés où l'initiale C se mêlait à des ancres argen-
tées. Les colonnes du rez-de-chaussée et de la galerie disparaissaient sous de magnifiques draperies
de velours brodées d'argent. Trois trophées de
drapeaux tricolores garnissaient les baies de la
galerie supérieure.

On ne pouvait pénétrer dans l'église des Invalides sans être saisi par le spectacle grandiose
qu'on avait sous les yeux. Toute la nef était cachée
par d'immenses tentures noires parsemées d'étoile

d'argent ; au milieu, une immense croix blanche ; dans chacun des angles de la chapelle, on avait fixé, à hauteur des galeries où se trouvaient les officiers subalternes et les invités du gouverneur des Invalides, des trophées de drapeaux tricolores. Les colonnes supportaient aussi des trophées de drapeaux alternant avec des médaillons où se détachaient, en lettres d'or, les noms glorieux de Son-tay, Fou-Tcheou, Ke-lung, rivière Min et Phu-la.

Le catafalque était placé au milieu de l'église. Jusqu'au matin de la cérémonie, le cercueil contenant les restes de Courbet avait été placé dans la chapelle du Saint-Sépulcre, transformée en chapelle ardente ; il avait été reçu, à son arrivée dans la cour des Invalides, par M. de Gretteau, chapelain, et, durant toute la nuit, deux invalides, relayés d'heure en heure, veillèrent, sabre au poing, auprès du catafalque.

Dans l'après-midi, de nombreux délégués défilèrent devant le catafalque ; l'église était littéralement encombré de couronnes.

Le catafalque, qui avait déjà servi pour le service célébré en 1883, à Saint-Germain-l'Auxerrois, en l'honneur du comte de Chambord, était formé de colonnes torses et d'un plafond massif lamé d'argent, orné de panaches noirs à chacun de ses angles et d'écussons aux initiales de l'amiral Courbet. Le cercueil apparaissait entre les colonnes ; il était recouvert d'un drapeau tricolore

voilé de crêpe. Un dais brodé d'argent s'étendait
au-dessus du catafalque. La chaire et les bas-côtés
de l'église étaient masqués par des draperies
noires. Les troupes de la garnison de Paris formaient la haie et étaient massées sur l'esplanade
des Invalides.

Le corps fut transporté à Abbeville où il fut inhumé définitivement. Si les cérémonies n'eurent
pas le grand éclat des obsèques solennelles de
Paris, elles furent plus touchantes ces funérailles
célébrées dans la ville natale de Courbet. La population tout entière s'associait au deuil national;
l'appel de la municipalité avait été entendu et il
n'est pas un habitant d'Abbeville qui n'ait tenu à
témoigner la sincérité de ses regrets patriotiques.

Les obsèques de Victor Hugo sont encore présentes à la mémoire de tous, néanmoins il nous
a paru utile d'en reproduire les principaux épi-
sodes.

A cinq heures et demie le dimanche matin
31 mai, un fourgon arriva devant la maison mortuaire et, à six heures, les employés des pompes
funèbres descendirent le cercueil de la chambre
mortuaire pour le placer dans le véhicule qui se
mit en route au milieu d'une foule toujours crois-
sante.

Devant l'hôtel, et jusqu'à l'avenue d'Eylau, s'en-
tassaient environ quinze mille personnes.

La famille, à laquelle quelques amis intimes
s'étaient joints, était accompagnée par les maires

de Paris, qui avaient sollicité l'honneur d'être présents à la levée du corps, ainsi que par plusieurs délégations.

Le trajet de l'avenue Victor-Hugo à l'Arc de Triomphe fut franchi en une demi-heure.

Le cercueil, placé au-dessus du grand cénotaphe dont la décoration avait été combinée par M. Garnier, était entouré de couronnes et de fleurs. De chaque côté du monument la garde était faite par six cuirassiers; tandis que douze enfants des bataillons scolaires, commandés par un capitaine d'état-major et un officier d'artillerie, se tenaient de chaque côté du cénotaphe, groupés en piquet, et étaient relevés d'heure en heure.

L'immense et superbe édifice était décoré pour la circonstance et disposé en chambre ardente. Un voile de crêpe noir pendait de la corniche opposée au fameux groupe de la *Marseillaise*. Des festons de deuil et des drapeaux s'accrochaient aux frises. Sur des écussons les noms des œuvres du poète et les inscriptions de circonstance étaient alternativement gravés.

Des trépieds funéraires, placé autour du monument, s'échappaient des flammes. En avant de l'édifice se tenait un peloton de cuirassiers, et, sur les côtés, un peloton de la garde municipale à cheval, en grande tenue.

De même que tous les becs de gaz placés sur le parcours fixé pour le défilé du cortège, les réverbères de la place de l'Étoile étaient voilés de crêpe,

dont les bouts flottaient comme autant d'ori-
flammes funèbres.

À la nuit tombante, les flammes bleues et vertes
qui s'élevaient des lampadaires dressés sur les
trépieds disposés autour du monument brillèrent
plus vivement. A ce moment les cuirassiers de
garde reçurent des torches enflammées dont
la lueur sinistre produisait le plus saisissant
effet.

La foule, qui n'avait cessé de défiler tout le long
du jour, se pressait de plus en plus nombreuse,
aboutissant de toutes parts, comme un flot aux
abords de l'Arc de Triomphe.

C'était un curieux et étrange spectacle, qui se
trouvait parfois amoindri par les incidents prévus
qu'entraînait une semblable agglomération.

Des gens spéculant sur la curiosité générale
avaient préparé des estrades et improvisé des
points d'observation d'où l'on dominait le flot
humain sans cesse grossissant.

Il est incalculable, le nombre des échelles
doubles, aux barreaux desquelles, moyennant une
faible rétribution, on était sollicité de monter par
des industriels de contrebande.

Ces périlleux observatoires formaient çà et là,
d'étranges et bizarres silhouettes avec leur charge
ascendante et descendante, continuellement renou-
velée par des amateurs qui s'élançaient à l'assaut
des barreaux convoités.

Mais c'était là plutôt un jeu qu'une nécessité ;

car, grâce aux grandioses proportions du monument et à la hauteur du cénotaphe, la vue de
l'ensemble de la décoration était facile pour
chacun.

Toute la nuit du dimanche au lundi la foule cir-
cula aux abords de l'Arc de Triomphe et sur
l'avenue des Champs-Élysées. Un nombre incalculable d'individus passèrent la nuit entière
dehors, s'abritant au hasard, dormant sur les
bancs, sur les pelouses ou sur le rebord du trot-
toir afin de conserver une place et mieux voir
le cortège dans tout son pompeux développe-
ment.

Dès l'aube les préparatifs de la solennité avaient
lieu, et les cavaliers de la garde républicaine se
mettaient en devoir de déblayer les abords.

A cinq heures, des appels de clairons et de
trompettes se renvoyaient leurs éclats dans l'air,
et de tous côtés s'avançaient les sociétés et les
délégations.

La foule s'entassait de nouveau, pressée, compacte, tandis que les porteurs d'échelles doubles
et les confectionneurs d'estrades prenaient de
tous côtés leurs dispositions.

Devant le catafalque, et dans un hémicycle
réservé, avaient pris place, à gauche : le général
Pittié, le colonel Lichstenstein, le colonel Brière, le
colonel Fayet et le commandant Gancé, de la maison militaire du Président de la République ; la
grande chancellerie de la Légion d'honneur ; les

ministres ; le corps diplomatique au grand complet.

A gauche encore se trouvaient les sénateurs, les députés, les membres du conseil municipal, les membres de l'Institut, la Cour des comptes, le conseil d'Etat, la Cour de cassation, la Cour d'appel.

A droite étaient les membres de la famille et les amis, puis les invités de la littérature et de la presse, des peintres, puis les autorités militaires, les maires de Paris, les tribunaux, les avocats.

Les discours commencèrent. M. Emile Augier porta la parole au nom de l'Académie française.

Au centre de la verdoyante voie, juste en face de la porte principale du Palais de l'Industrie, se dressait le beau groupe de l'*Immortalité*, œuvre de M. Lemaire.

Les ailes étendues, prête à s'envoler vers les inaccessibles sphères, l'allégorifique figure semblait l'âme du poète, un instant visible aux yeux de tous ceux qui suivaient ses restes et rendaient hommage à son immortelle mémoire.

Les discours une fois prononcés, un maître des cérémonies fit procéder à l'enlèvement du cercueil, tandis que toutes les têtes se découvraient.

Selon la volonté formulée par Victor Hugo, son corps fut placé dans le corbillard des pauvres, que deux grandes palmes de laurier et deux petites couronnes de roses blanches ornaient seules.

Ce corbillard portait le numéro 120 et avait servi

déjà aux obsèques de Jules Vallès. Le cocher du
sombre véhicule a nom Provost. Deux chevaux
noirs composaient l'attelage. A onze heures et
demie, le cortège se mit en marche, suivi des
délégations, puis descendit l'avenue des Champs-
Elysées.

Sur la place de la Concorde, les statues des villes
étaient voilées de longs crêpes. Des curieux
s'étaient hissés au sommet de chaque piédestal et
dominaient de là la multitude. Les fontaines et les
candélabres disparaissaient également sous des
grappes humaines.

Au moment du passage du corbillard sur le pont,
les berges du fleuve offraient un spectacle inou-
bliable. Un monde de curieux s'entassait aux bords
de la Seine et sur les bords des quais, noirs de
foule; tandis que dans les arbres de hardis grimpeurs s'étaient installés.

C'est au pont de la Concorde que se place l'épisode des pigeons lâchés en liberté, en l'honneur du
poète. L'idée était gracieuse, et nous le répétons,
pour l'expliquer, l'anecdote reproduite par tous les
journaux.

On sait que Victor Hugo avait conservé, depuis
le siège de Paris, une sorte de vénération pour les
pigeons, qu'il ne voulait pas qu'on servît sur sa
table.

M. Léopold Hugo, neveu du grand poète, a pris
prétexte de cette prédilection pour motiver ce
poétique hommage.

Au bout du pont de la Concorde, sur les degrés de la Chambre, une foule innombrable était groupée.

L'aspect de l'immense voie était analogue à celui de celui de l'avenue des Champs-Elysées.

Partout du monde, les trottoirs, littéralement envahis ; les arbres ravagés par les grimpeurs ; les bancs disparaissant sous les envahisseurs, les maisons pleines de spectateurs, de la base au faîte. Sur les corniches, sur les gouttières, sur les cheminées, aux points les plus élevés et les plus périlleux, au risque de perdre l'équilibre et de se rompre le cou, les intrépides curieux étalaient une insouciante hardiesse.

Les échelles doubles faisaient fureur. Chaque bout de rue latérale donnant sur le boulevard était barricadé par des charrettes, des tapissières, des échafaudages improvisés, des fiacres, et tout cela pliait sous le poids de la foule en quête d'une place pour regarder et voir.

C'est vers une heure que la tête du cortège arriva au Panthéon.

Sous la colonnade un dais drapé de noir et semé d'étoiles d'argent abritait un catafalque énorme.

Lorsque le cercueil fut au sommet, on plaça autour, ainsi que sur les marches du temple, les innombrables couronnes qui figuraient sur les chars.

Les degrés étaient entièrement cachés par les fleurs qui les jonchaient comme des trophées parfumés.

Près du catafalque les amis de la famille et les corps constitués prirent place, pour l'audition des discours qui furent prononcés.

Lorsque les orateurs cessèrent de parler, le défilé reprit et se déploya devant le Panthéon, pour durer jusqu'à six heures et demie. La journée entière avait été consacrée au souvenir du poète. L'hommage fut digne de sa grande mémoire.

L'enterrement de Gambetta, mort le 30 décembre 1882, eut lieu le 6 janvier 1883 ; les obsèques de ce grand citoyen ne furent pas aussi solennelles que celles de Victor Hugo, mais elles eurent un plus grand caractère de sincérité et de deuil publique, partant de grandeur.

En Victor Hugo, la France perdait un grand poète, en Gambetta elle perdait le grand citoyen en qui s'était incarné la Défense nationale.

Deux cent mille hommes étaient réunis le 12 janvier 1870, autour du cercueil de Victor Noir. Cette foule énorme était venue protester contre le crime du prince Pierre Bonaparte.

L'heure fixée pour les obsèques était deux heures. Dès dix heures du matin, l'affluence était déjà considérable. Un très grand nombre d'ateliers avaient fermé. D'autres étaient désertés par les ouvriers. Jusqu'à une heure, les Champs-Élysées étaient traversés par des députations de travailleurs, d'étudiants, d'employés.

Malgré la pluie battante qui fouettait les visages

13.

et transperçait blouses et paletots, la foule, houleuse, émue, frémissante, augmentait de minute en minute. La plupart des boutiques de l'avenue de Neuilly, de l'avenue du Roule étaient fermées. Sur quelques-unes on lisait : *Fermé pour cause de deuil public.*

A une heure et demie le cortège se disposait à se mettre en marche.

De tous les groupes s'éleva un cri : A Paris, au Père-Lachaise le cadavre de Victor Noir!

La cour, le jardin, la maison de M. Louis Noir étaient envahis par les amis du malheureux assassiné. On discutait la possibilité de se rendre à Paris. On entendait la *Marseillaise*, que le peuple commençait à chanter. Les cris de : A Paris! à Paris! redoublèrent.

Deux fois M. Rochefort adjura la foule de rester calme. On persistait à crier : Au Père-Lachaise!

— Je vous en conjure! s'écriait le frère de la victime, évitez de nouveaux malheurs! ne donnez point à la force le prétexte de sévir! »

Les cris redoublaient avec plus d'énergie. Nouvelle allocution de M. Louis Noir, accueillie avec recueillement et sympathie; mais manifestation de plus en plus persistante de la part de la foule. Le cadavre est à nous, c'est un enfant du peuple, nous l'emmènerons au Père-Lachaise! — A une heure quarante-cinq minutes, on apporta une couronne d'immortelles, autour de laquelle étaient écrits les mots :

A Victor Noir, la Démocratie toulousaine !

A deux heures, et au moment où l'on va enlever le corbillard, le bruit persiste que la foule veut
aller au Père-Lachaise ; c'est alors que M. Rochefort paraît à une croisée, demande le silence, et
s'écrie que M. Delescluze va soumettre au peuple
la décision définitive qui vient d'être prise par les
amis et la famille de Victor Noir.

M. Delescluze dit qu'il y a un guet-apens dressé,
que l'ennemi veille aux grilles ; il ne faut pas
lui donner prise ; il faut ajourner la vengeance
et ne pas compromettre par une échauffourée la
cause de tous les peuples et de la justice. On voulait aller au Père-Lachaise, mais on ne le peut
pas. Il faut se conformer à la force des choses et
aux vœux de la famille de Victor Noir. Il faut
laisser le convoi se diriger au cimetière de
Neuilly.

— Non ! non ! crie la foule.

— Vous voulez donc compromettre notre cause.

— Non ! non !

— Rendez donc le plus grand service à la
Démocratie.

— Oui ! oui !

— A Neuilly, alors, à Neuilly !

Discours de M. Rochefort corroborant les paroles
de M. Delescluze.

On descend le cercueil ; toute la foule se pré-
cipite ; elle se découvre, au défilé, devant la fiancée de Victor Noir.

Une fraction énorme se sépare du convoi pour le reprendre dans l'avenue de Neuilly, aux chants de la *Marseillaise*! aux cris de : Vive la République! à bas Bonaparte! à mort l'assassin!

Dans l'avenue de la Grande-Armée, la masse est également compacte; elle attend le convoi. Lorsque le corbillard paraît, elle se met en mouvement. La pression qu'elle amène est terrible. Rochefort, brisé par la fatigue, chancelle; on le porte dans la boutique d'un épicier, et, quelques minutes après, il part pour rejoindre le cortège.

Plusieurs tentatives sont faites pour changer la direction du convoi et amener le cercueil à Paris. Elles échouent. On arrive au cimetière.

L'indignation redouble. Le cercueil porté par une dizaine de citoyens, parvient à la fosse. Quelques paroles sont alors prononcées par MM. Millière, Gustave Flourens, Louis Noir et Hamel.

Amouroux prononce quelques paroles indignées contre l'infâme assassin et jette un dernier adieu à la victime républicaine.

La foule frémissante s'écoule du cimetière; à la sortie les accents de la *Marseillaise* commencent à retentir de tous côtés.

A quatre heures, la cérémonie funèbre était terminée, la dépouille de Victor Noir était rendue à la terre. Parmi les deux cent mille citoyens de tout âge, de toute condition, qui étaient en ce moment réunis avenue de Neuilly, on entendit circuler de rangs en rangs : « Défilons en masse dans Paris ! » et cent mille voix répétèrent « A Paris ! à Paris ! »

Les ateliers se groupaient escouade par escouade avec un ordre et un calme admirables. Cet exemple fut bientôt suivi, et un immense flot humain de 60,000 à 80,000 hommes marchant en rangs serrés et tenant toute la largeur de l'immense chaussée de l'avenue descendit ves les Champs-Elysées. Derrière ce cortège venaient cent mille autres hommes, femmes et enfants, s'avançant à leur gré et donnant à la route un aspect d'animation tout à fait extraordinaire.

L'air retentissait des chants de la *Marseillaise*, du chant des *Girondins*, et du cri de : *Vive la République!* La pluie avait cessé complètement ; le soleil avait reparu et avait pour ainsi dire salué cette manifestation de ses derniers rayons.

Aucun incident ne se produisit avant l'arrivée à la porte Maillot. Ici, le cortège se trouva pour la première fois en présence de la force. Des sergents de ville, des gardes de Paris surgissent de tous côtés, faisant mine de s'opposer au passage du cortège.

Un commissaire de police s'avance, il somme les citoyens de se disperser ; quelques cris se font entendre ; les sergents de ville se rangent et démasquent un fort détachement de garde de Paris en bataille, l'arme au bras. La cavalerie de Versailles, casernée à Courbevoie, se tenait prête à agir ;

mais l'intention de cette foule n'était point de se
laisser massacrer ; elle comprenait bien qu'une
fusillade à bout pourtant devant des fortifications
ne servirait qu'à faire des victimes, sans aucun
résultat heureux. Elle n'opposa donc aucune résistance, mais chacun était fermement résolu à répondre aux provocations avec le courage suprême
que donne le sentiment du droit. Quelques sergents de ville et un officier de paix ont cru pouvoir se livrer à des actes de brutalité ; ils ont chè-
rement payé cette agression.

Ce flot immense en imposait évidemment à la
police, car les brutalités dont nous parlons n'ont
été que des faits isolés. Un moment les grilles de
la barrière furent fermées. On nous dit, entre
autres incidents, que plusieurs agents se seraient
permis de dégaîner. Le cortège s'était de nouveau
reformé dans l'avenue des Champs-Elysées ; la nuit
tombait lorsqu'il déboucha devant le Palais de
l'Industrie. Ici il se trouva en présence d'un détachement considérable de cavalerie ; des somma-
tions furent faites ; les chasseurs opérèrent un
mouvement de conversion ; la foule se porta dans
les avenues, pour déboucher tranquillement place
de la Concorde, l'avant-garde du cortège rencontra
un homme au milieu d'un piquet de lanciers. C'était
M. Chevandier de Valdrôme, ministre de l'intérieur,
qui allait s'assurer si toutes les mesures étaient
bien prises. Un lancier de l'escorte se trouva un
moment détaché de ses camarades ; son cheval fut

littéralement enlevé et il ne put regagner le peloton qu'avec beaucoup de peine.

Place de la Concorde, le cortège s'est dispersé ; les uns ont tenté de passer sur le pont de la Concorde et de gagner laChambre; les autres, plus nombreux, ont continué leur route par la rue de Rivoli.

Les vitres des Tuileries tremblèrent au bruit des cris : « A bas les assassins ! »

Ce fut certainement l'enterrement le plus mouvementé de ce siècle, il ne fut pas populaire dans le sens exact du mot, ce fut une manifestation politique qui, en somme, connaissait Victor Noir? Il avait par ci par là rédigé quelques faits divers, il était absolument obscur, il était tombé sous les coups d'un particulier, pour une affaire particulière, le prince Pierre était un assassin, mais Victor Noir n'était ni un héros, ni un homme illustre pour justifier de semblables funérailles, il fallut que les journaux révolutionnaires en prissent l'initiative, ils avaient besoin d'une manifestation, elle fut grandiose, mais le pauvre mort n'y était pour rien.

Les obsèques de Jules Vallès furent également une manifestation de toutes les fractions des clubs et de toutes les sociétés égalitaires ou non.

Elles eurent lieu le 17 février 1885.

Dès huit heures du matin, la foule commença à affluer, à la maison mortuaire, boulevard Saint-Michel.

A midi et demi, le cortège se mit en marche, suivi d'une quantité considérable de peuple, les

drapeaux étaient nombreux ; sur le parcours, les
trottoirs étaient noirs de monde, la foule massée
sur les côtés saluait le char funèbre, aux fenêtres
pendaient des grappes humaines, sur les balcons,
sur les toits, sur les arbres, accrochés aux réverbères, partout du monde.

On crut un instant que le cortège prendrait le
boulevard du Palais et la rue de Turbigo, mais
arrivé au coin du boulevard Saint-Germain, le
cortège tourna à droite, alors se produisit un
immense remous, les grilles du square Cluny
furent escaladées et une immense bousculade se
produisit.

Sur tout le parcours, même affluence, mêmes
cris : Vive la Commune, de recueillement point.

A la nuit seulement la foule sortait du Père-
Lachaise.

A côté des enterrements pompeux, il y a des
enterrements tristes ou gais suivant les circonstances.

Celui du bohême, du pauvre diable génial, qui a
lutté, qui a eu faim toute sa vie, pour le triomphe
de ses chimères et qui s'en va, lugubrement vaincu,
entre ses quatre planches, le long du boulevard
Montparnasse, suivi par trois ou quatre camarades
et deux ou trois grisettes, est tout particulièrement triste.

Ces convois-là se rencontrent surtout dans la
brume glaciale des matins d'hiver. Le pavé glisse,
l'unique cheval dort entre les brancards funèbres,

les naseaux aux genoux; le cocher somnolent dodeline de la tête, là haut, sur son siège, les quatre porteurs frottent leurs yeux bourrés de sommeil. Et le corbillard cahote lamentablement, entre les maisons endormies en suivant le ruisseau, tandis que derrière, les figures blèmes et minces des bohèmes, les jupons crottés des grisettes forment comme un cortège de misère qui ne lâchera le mort que devant le trou final, la dernière station.

Un encore plus triste est celui du marin qui meurt au large.

Les pavillons sont en berne. Les tambours de l'équipage recouverts d'un crêpe roulent sourdement dans l'entrepont. La cloche du bord tinte un glas lent et argentin dont chaque note s'étend, se dissipe, se noie tout au fond de l'infini bleuâtre des flots. Et tout à coup, des sonneries de timbres lointains retentissent, les machines stoppent, avec de grands souffles de vapeur, des halètements de titan. L'énorme cuirassé s'immobilise, insensible à la caresse des vagues.

Et le convoi du marin traverse lentement le pont, entre deux haies de camarades, l'arme au pied, sous le grand ciel impassible, coupé, haché, par les mille filins de la mâture.

Un officier dit les prières des morts, on entend des ordres brefs.

Enlève, laisse courir !...

Et la masse blanche parcourt en tournoyant les

quinze mètres de hauteur de bordage. Si la mer est
calme, il y a pendant quelques instants un trou
dans l'eau, puis des ondulations concentriques qui
s'élargissent, semblent prendre possession de tout
l'océan, de toute l'immensité jusqu'aux plus loin-
taines profondeurs.

Et tandis que le petit matelot tombe toujours,
dans les régions sous-marines, parmi les végéta-
tions mystérieuses qu'habitent les madrépores,
l'énorme cuirassé reprend sa marche, sous l'effort
puissant de ses quatre machines aux haleines de
monstres.

Un enterrement passablement gai est celui que
je rencontrai un jour traversant le Champ de
Mars. C'était celui d'un Invalide. Le défunt était
un de ceux qui furent contemplés par les quarante siècles installés en haut des Pyramides.
Il avait donné un petit coup d'épaule à Napoléon
pour prendre Austerlitz, seulement, il y avait
laissé le pied droit et la main gauche, plus la
jambe et le bras droit. Ce qui fait que pendant 70
ans, il était resté assis dans une petite voiture;
pour comble d'ironie, il s'en allait maintenant
dans une grande.

Au moment de mourir, ce brave avait dit : Sa-
pristi! je suis content de voir un peu la mort, ça
me rappelle le bon temps!

Aussi, le drap mince du corbillard claquait sur
le cercueil en bois blanc, comme un drapeau.
D'autres invalides suivaient et avec les membres

qui leur manquaient on aurait pu reconstruire
une dizaine d'hommes. Les uns n'avaient point
lâché leur *bouffarde*, la vieille amie de tous les
jours qui accompagnait, elle aussi, le camarade.
Les autres se demandaient en riant lequel d'entre
eux passerait le premier l'arme à gauche à présent.

Et cela faisait un bruit curieux de jambes de
bois, de mâchoires d'argent, de bras à méca-
nique ; le dernier peloton de la dernière compagnie du dernier régiment de la grande armée!

Un autre encore plus gai fut celui de ma belle-
mère : un délicieux convoi de seconde classe qui
défila dans le grand soleil de midi, emplit tout le
quartier d'une agitation de fête nationale.

Les chevaux couverts de broderies avaient des
pompons qu'ils agitaient gaillardement au sommet
de leur tête. Le cocher montrait, sous son chapeau
à corne posé de côté, une mine bienveillante et
fleurie. Les croque-morts et les porte-flambeaux
tourbillonnaient autour du char comme un essaim
de noires abeilles. Les personnes qui tenaient les
glands semblaient heureuses et dignes. La famille
suivait, avec une joie émue, bras dessus bras
dessous. Tout le monde avait l'air content des
affaires. Au cimetière, devant le petit appartement
suprême, chacun se pencha pour voir et hocha la
tête avec une satisfaction résignée, en murmu-
rant : Oui c'est cela, elle sera très bien là. Je crois
bien une concession à perpétuité, pour elle qui
n'en avait jamais faite,

XIV

Le massacre des ôtages. — Un déménagement. — Assassinat
de six ôtages à la Roquette. — Deux heures d'agonie. —
Voleurs de cadavres. — La rue Haxo. — Le monument de
Belleville — Conservation historique. — Terribles souvenirs. — Amnistie sans oubli. — Le livre d'or de l'armée
française. — Nos officiers. — Nos marins. — Les artistes.
— Les tombes de Mars-la-Tour. — Le cimetère de Sébastopol. — Champigny. — Buzenval. — Montretout. — Le
Bourget. — L'œuvre des tombes militaires.

Le massacre des otages, aussitôt qu'il fut connu,
fit retentir la France entière d'un cri d'indignation,
cet assassinat commis dans des conditions exceptionnelles, est assurément une des choses les
plus horribles de notre époque, les représailles
exercées par l'armée de Versailles ne sauraient le
faire oublier, car les victimes n'étaient pas des
combattants, c'étaient pour la plupart de malheureux prêtres inoffensifs dont le seul crime était de
porter l'habit ecclésiastique.

Aussitôt l'entrée des troupes dans Paris, les
ôtages furent extraits de Mazas et conduits à la
Roquette.

Le délégué de la commune, avait requis des voitures de déménagements de la maison du *Chat-Noir*, et des camions à claire-voie de la compagnie du chemin de fer Lyon, pour transporter les ôtages, les malheureux restèrent plus d'une grande heure dans la cour de Mazas, sous la surveillance des fédérés qui ne leur épargnaient pas les injures et les menaces les plus effroyables.

Au dehors, la nouvelle de la translation des ôtages s'était répandue, la foule était accourue de tous les quartiers de Belleville, de Montmartre et de Charonne pour ce repaître de ce hideux spectacle, elle frappa avec fureur à la porte de la prison, menaçant de l'enfoncer si on ne l'ouvrait pas, enfin les voitures se mirent en marche, les prêtres et les gardes républicains étaient debout, cahotés, bousculés, se tenant aux ridelles de la voiture pour ne pas tomber, les voitures avançaient lentement au milieu des flots du peuple — était-ce bien du peuple ? — qui vociférait atrocement.

Pour prolonger le supplice de ces pauvres gens, au lieu de descendre la rue de Lyon on fit prendre au triste cortège le faubourg Saint-Antoine et la rue de Charonne, à chaque instant la foule arrêtait les voitures, elle ne voulait pas qu'elles allassent plus loin, elle hurlait :

— A bas les calotins, n'allez pas plus loin, qu'on les nettoye ici !

Le trajet dura trois heures !

Le 24 mai, à six heures du soir, un détachement
des *Vengeurs de la Commune* et de soldats de différentes armes, commandé par un gredin dont le
nom mérite d'être conservé (il se nommait *Jean
Viricq*), sur l'ordre des délégués réunis à la mairie
du XI⁰ arrondissement, pénétra dans la prison de
la Roquette pour procéder à l'assassinat de six
otages : Mgr Darboy, MM. Deguerry, Bonjean,
Ducoudray, Clerc et Allard.

Les malheureux, après une promenade de deux
heures à travers les cours et les chemins de ronde
de la prison, ne furent exécutés qu'à huit heures
du soir.

Deux heures d'agonie !

Dans le milieu de la nuit, les fédérés revinrent
ramasser leurs victimes ; ils les fouillèrent, prirent
à l'archevêque de Paris sa croix pectorale, son
anneau, sa montre et jusqu'à ses souliers.

Ils enveloppèrent les six corps dans une même
couverture, ils les jetèrent dans une voiture à
bras et les conduisirent au Père-Lachaise.

Une fosse était creusée à l'avance, ils jetèrent
les six corps pêle-mêle, sans prendre la peine de
combler la fosse, ils ne les recouvrirent que d'une
simple couche de terre ; la pluie n'avait cessé de
tomber avec abondance, pendant les journées de
vendredi et de samedi, lorsqu'ils furent décou-
verts, on dut employer des précautions infinies
pour déblayer de leurs figures la boue sanglante
qui s'y était attachée.

Leurs vêtements étaient lacérés par les balles et les coups de baïonnettes. Trois coups de feu avaient frappés l'archevêque de Paris, deux dans la région de la poitrine à droite, un, un peu plus bas à gauche, dans les reins, les trous de plusieurs coups de baïonnettes étaient visibles.

Le corps de l'archevêque fut conduit à l'archevêché sur un modeste corbillard au milieu d'une foule immense, recueillie et indignée.

La victime la plus défigurée était M. Bonjean, l'ancien sénateur, les misérables assassins s'étaient acharnés sur lui avec une furie sans pareille, il était affreusement mutilé, il avait les jambes broyés par les coups.

Le 26 mai, quatre-vingt-quatre autres otages furent extraits de la Roquette et conduits rue Haxo.

Le point culminant de la rue Haxo est entre Ménilmontant et les buttes Saint-Chaumont.

Les infortunées victimes y furent conduites à pied, par une horde à moitié ivre. La distance de la Roquette à la rue Haxo est considérable, ce fut un horrible supplice. Ils furent maltraités, injuriés ; les femmes surtout se distinguaient par leurs cris féroces ; en tête du cortège marchaient des tambours et des clairons, il était entouré des nombreux gardes nationaux, appartenaient à différents bataillons, des délégations de tous les « franc-tireurs » — francs voleurs sera mieux dit — de la commune, affublés de costumes excentriques, résidus des faubourgs, crapules sans noms, hurlant comme des démoniaques : à mort ! à mort !

Le cortège monta la rue de la Roquette, suivit les boulevards extérieurs des Amandiers et de Menilmontant, et gravit la rue de Paris, jusqu'à la rue Haxo. Au numéro 83 se trouve l'entrée d'un petit passage qui conduit à la cité de Vincennes.

Là était le quartier général des communards ; à peu de distance se trouvait un vaste enclos qui devait servir de bal champêtre lorsque la guerre éclata. A quelques mètres en avant d'un des murs de clôture régnait, jusqu'à hauteur d'appui, un soubassement destiné à recevoir le treillage qui devait clore la salle ; l'espace compris entre ce soubassement et le mur de cloture formait une large tranchée de 14 à 15 mètres ; un soupirail carré donnait sur le mur et s'ouvrait au milieu.

Victimes et assassins pénétrèrent dans l'enclos, l'Etat-major des diverses légions gardait et défendait cet endroit, au moment où le cortège y arriva. La scène fut terrible et indescriptible, les victimes furent assassinées en masse, à coups de révolvers, peu de coups de chassepots furent entendus.

Les victimes furent jetées dans les caves, les prêtres d'abord, ensuite les gardes de Paris et les autres soldats de différentes armes.

Ces cadavres ne furent retirés que quelques jours plus tard.

Trente-neuf des sous-officiers, brigadiers, gardes et gendarmes qui furent fusillés comme ôtages le 26 mai 1881 furent inhumés en tranchées gratuites (quatorzième division,) le 30 du même mois, dans le cimetière de Belleville.

Un monument funèbre a été élevé dans ce cimetière, ces malheureux y ont été placés les 12 et 13 février 1877.

Leurs noms méritent d'être conservés.

Belamy, Blancherdini, Bermond, Biolland, Burlotei, Rodin, Breton, Chapuis, Cousin, Coudeville, Colombani, Ducros, Dupré, Doublet, Fischer, Garodet, Geanty, Jourès, Keller, Marchetti, Mangenot, Margueritte, Mannoni, Mouilli, Marty, Millotte, Paulus, Pauly, Paul, Pons, Poirot, Pourtau, Salder, Vallette et Veiss.

Il avait été question de faire disparaître le jardin de la rue Haxo; il ne disparaîtra pas, ce terrain (à l'extrémité duquel se trouve le fameux mur contre lequel furent rangé les otages pour être fusillés) va, au contraire, recevoir une destination définitive, qui consacrera le souvenir des massacres dont il fut le théâtre.

Acquis récemment, au prix de 70,000 francs, par une communauté religieuse, ce terrain a déjà subi une transformation complète.

La grille qui existait en bordure de la rue Haxo a été remplacée par un mur.

Un second mur a été construit, à droite, pour séparer le jardin du passage, qui desservait les

14

pavillons, au nombre de huit, qui faisaient partie de la propriété d'ensemble.

Rappelons, en passant, que, avant 1870, c'était une sorte de villa ou établissement de santé.

On a remis en état les allées, aujourd'hui sablées. La fosse dans laquelle furent enterrées, pêle-mêle, les victimes, a été transformée en un caveau dont l'ouverture béante a été entourée, il y a quelques jours, d'une grille en fer à hauteur d'appui.

Le mur contre lequel on voit encore les traces des balles est encore intact. Le fossé qui le précédait a été comblé, et on a rétabli, tel qu'il existait à l'époque, le petit mur en briques formant l'enceinte dans laquelle se trouvaient les victimes.

Ce musée, composé exclusivement de souvenirs des massacrés et qui avait été organisé par M. Crépin, mort récemment en province, n'existe plus. Le petit pavillon dans lequel il était installé est actuellement en voie d'aménagement pour servir de demeure au gardien de l'établissement projeté. Il est question, en effet, de construire, sur l'emplacement où les ôtages furent fusillés, une chapelle commémorative, construction qui sera le point de départ de la création d'un vaste établissement d'instruction et en même temps de bienfaisance, qui sera dirigé par des religieuses.

Ces terribles souvenirs, quoique loin de nous, ont laissé des traces vivaces, et ce n'est pas sans un frisson de colère et de dégoût que depuis l'am-

nistie on coudoie, dans certaines de nos assem-
blées, des misérables, qui, s'ils n'ont pas ordonné
les massacres, en sont tout au moins moralement responsables et qui s'en font gloire; s'en
servant même comme d'un titre !

Pour nous consoler de cette triste époque,
jetons un rapide coup d'œil sur les héros de la
guerre de 1870-1871, nous ne pouvons malheureusement mentionner tous les noms, ce serait
un long et épouvantable martyrologe que celui de
tous les héros connus et inconnus qui versèrent
leur sang pour la France, depuis les cuirassiers
de Reichshoffen jusqu'aux soldats de Bazeilles.

Ceux-ci comme le grenadier La Tour d'Auvergne,
méritent d'être inscrits au temple de mémoire.

OFFICIERS TUÉS EN PROVINCE

Le général *de Brayer*, mort le 16 août 1870, à la
bataille de Rezonville.

Le général *Colson*, blessé mortellement à la
bataille de Reichshoffen, mort le 6 août.

Le général *Decaen*, blessé à la bataille de Borny,
où il commandait le 3ᵉ corps, le 14 août 1870, mort
à Metz le 2 septembre.

Le général *Deflandre*, tué à l'armée de la
Loire.

Le général *Doëns*, tué à la bataille de Spickeren,
le 6 août, dans les bois de Saint-Arnal.

Le général Abel *Douai*, tué le 4 août sur la colline de Wissembourg, après avoir tenu tête pendant plusieurs heures avec une seule division à toute l'armée du prince Frédéric-Charles.

Le général *Fauconnet*, de l'armée de la Loire, tué le 30 octobre; à la bataille de Dijon.

Le colonel *Fiévet*, un des héros de la défense de Strasbourg, tué dans une des premières sorties de la garnison. Il commandait le régiment des pontonniers.

Le général *Gibon*, tué, le 7 octobre 1870, près de Metz. Ses soldats hésitaient sous un feu violent : « Allons, mes enfants, s'écria-t-il, je vous servirai de gabion ! » Il s'élance en avant et tombe mortellement frappé.

Le général *Girard*, tombé devant Sedan le 1er septembre.

Le général *Guyot de Lesparre*, tué le 1er septembre, dans les rues de Sedan, après une lutte héroïque à Mouzon.

Le lieutenant-colonel Emile *de Joinville*, du 2e de ligne, tué à Reichshoffen, le 6 août, à la tête de son régiment.

Le général *Legrand*, tué le 16 août 1870, pendant la légendaire charge de cavalerie, qu'il conduisait en personne.

Le général *Liedot*, mort à Sedan, le 1er septembre, frappé par un obus en pleine poitrine.

Le duc *de Lugnes*, frappé à la tête par un éclat d'obus, à Patay.

Le général *Maire*, tué le 6 août à l'entrée du village de Wœrth, en courant avec les 47ᵘ et 99ᵉ de ligne au secours du général Raoult.

Le général *Manèque*, tué le 31 août 1870, à la bataille de Noisseville, à laquelle il prit part comme chef d'état-major du 3ᵉ corps.

Le général *Marguenat*, tué à la bataille de Rezonville, le 16 août.

Le général *Margueritte*, tué le 6 septembre à Reichshoffen.

Le général *Morand*, blessé à la. bataille de Noisseville et mort des suites de ses blessures, à Metz, le 9 septembre 1870.

Le colonel *Picquemal*, tué par un obus en chargeant à la tête de ses cuirassiers, le 6 août, à Reichshoffen.

Le général *Raoult*, commandant la 2ᵉ division de l'armée de Mac-Mahon, tué près de Wœrth, dans une lutte acharnée contre le 5ᵘ corps prussien.

Le général *Thérémin d'Hame*, blessé mortellement à l'explosion de la poudrière de Laon, mort le 4 septembre 1870.

Le général *Tilliard*, blessé mortellement auprès de Sedan, où il est mort le 1ᵉʳ septembre 1870.

OFFICIERS TUÉS PENDANT LE SIÈGE DE PARIS

Le général *Blaise*, tué le 21 décembre 1870, au combat de Ville-Evrard.

Le marquis de *Coriolis*, engagé à 69 ans, comme

14.

volontaire, dans le 15ᵉ bataillon de marche, tué à Montretout le 19 janvier 1871.

Le commandant Ernest *Baroche*, tué le 30 octobre, au Bourget, à la tête du 12ᵉ bataillon des mobiles de la Seine.

Le commandant de *Dampierre*, tué le 10 octobre 1870, au combat de Bagneux.

Le commandant *Franchetti*, des éclaireurs de la Seine, blessé à Bry-sur-Marne, le 2 décembre, mort le 6.

Le général *Guilhem*, tué à la bataille de Chevilly, sous les ordres du général Vinoy, le 30 septembre 1870.

Le lieutenant-colonel *Janin*, de la garde nationale, tué sous les murs de Paris, le 2 janvier 1871.

Le général *Ladreyt de la Charrière*, tué le 30 novembre à la bataille de Cœuilly et de Villiers-sur-Marne. Mis à la retraite, il avait repris du service pour le temps de la guerre.

Le lieutenant-colonel de *La Monneraye*, tué à la tête du 122ᵉ de ligne, à la sortie du 2 décembre 1870.

Le général *Renault*, blessé à la jambe par un éclat d'obus, à la bataille de Champigny, est mort des suites de l'amputation.

Le colonel de *Rochebrune*, tué à la tête de ses gardes nationaux à l'attaque de Montretout, le 19 janvier 1871.

Le commandant *Saillard*, commandant le 1ᵉʳ bataillon des mobiles de la Seine, frappé de trois balles dans la poitrine, le 6 décembre, à Épinay, mort de ses blessures.

Le lieutenant-colonel *Sanguinetti*, tué à la tête du 122ᵉ de ligne, à l'assaut de Villiers.

LES MARINS

Le capitaine de frégate Eugène *Desprez*, tué le 1ᵉʳ décembre 1870, à l'attaque de Choisy.

Le capitaine Gustave *Lambert*, qui devait tenter l'expédition du pôle Nord sur le *Boréal*, tué d'une balle en pleine poitrine à Buzenval, le 19 janvier 1871, comme engagé volontaire.

Dans le corps des officiers de marine, qui s'est si brillamment distingué à Paris, nous devons encore citer parmi les morts *Duquesne*, *Laborde*, *Moran*, *Pelletreau*, Adolphe *Perodeaud* et Edgard de *Saisset*.

LES ARTISTES

Les artistes ont aussi payé leur dette à la patrie pendant le siège de Paris.

Coinchon, peintre et dessinateur de talent, tué à Buzenval, le 19 janvier 1871.

Jennaro Perelli, pianiste-compositeur, mort des suites de la blessure qu'il avait reçue à la même affaire.

Henri *Regnault*, peintre d'un grand avenir, tué aussi à Buzenval.

Enfin Didier *Sevestre*, artiste de la Comédie-Française.

Toutes les tombes françaises sont, on le sait, à Mars-la-Tour. Un seul monument élevé aux nôtres existe à Sainte-Marie-aux-Chênes. Il est surmonté d'une statue de la Vierge, sur la façade principale on lit cette inscription : *Le colonel de Geslin, les officiers, sous-officiers et soldats du 94ᵉ de ligne à tous les braves du régiment morts pour la France.*

Ce fut, en effet, le 94ᵉ de ligne qui défendit le village jusqu'à la dernière extrémité.

M. de Geslin ne manquait pas, en ces dernières années, d'apporter une couronne à cette tombe où dorment de l'éternel sommeil, ses braves compagnons d'armes.

Sur la route qui conduit à Saint-Privat, on voit partout des *tumuli*, des croix, des tombeaux de style grossier ; à gauche, un cimetière où sont enterrés les grenadiers de la garde prussienne. Là, sur ce petit coin de terre, l'hécatombe a été épouvantable ; plus de 6,500 hommes et près de 240 officiers de la garde y tombèrent.

Cela explique pourquoi l'empereur Guillaume, lors de la délimitation de la nouvelle frontière, après le traité de paix, tint à conserver tout le territoire de Sainte-Marie-aux-Chênes qu'il avait le droit d'appeler : « le Tombeau de sa garde ».

L'opinion publique s'est vivement émue à la

nouvelle que les tombes des braves, morts devant
Sébastopol, étaient livrées à l'abandon.

La France a le culte de ceux qui ont succombé
pour son honneur et pour sa gloire, et il n'est pas
de terre si éloignée, où le souvenir reconnaissant
des citoyens n'aille chercher les cendres des héros,
qui y dorment leur dernier sommeil.

M. le Ministre de la guerre qui a plus particulièrement le devoir de veiller aux hommages rendus à la bravoure de nos soldats, qu'il s'agisse de
ceux d'hier ou de ceux d'aujourd'hui, s'est em-
pressé de s'informer si, comme on le disait, le
cimetière de Sébastopol n'était ni surveillé ni
entretenu, et s'il était vrai que la France ne fît pas
pour ses morts ce que l'Allemagne accomplit à
nos portes et jusque sur notre territoire comme
un acte de religion patriotique.

Dès le 14 août dernier, il avait été reconnu que,
si tout n'avait pas été négligé, tout cependant
n'avait pas été fait et qu'il importait de confier
désormais à un représentant autorisé de la France
une mission qui depuis longtemps n'avait eu
aucun agent responsable.

A cette date, le Ministre de la guerre avait
accepté une combinaison proposée par le département des affaires étrangères et consistant à confier l'entretien du cimetière à M. Vaquier, agent
consulaire de France à Sébastopol.

A la date du 30 octobre 1886, M. le Président du
conseil a informé le Ministre de la guerre que

M. Vaquier avait pris possession de ses nouvelles fonctions et fait procéder à tous les travaux nécessaires. L'opinion publique a donc reçu complète satisfaction.

Partout nos braves morts sont honorés : à Champigy, Buzenval, Montretout, au Bourget, des cérémonies anniversaires ont lieu, en grande pompe, cela prouve que la France n'oublie pas.

Une œuvre qui intéressera bien des familles françaises vient d'être entreprise en Extrême-Orient.

Le général commandant le corps expéditionnaire a créé une association dont le but est d'assurer l'érection et la conservation des tombes des officiers, sous-officiers et soldats morts dans le Tonkin et l'Annam.

Cette association prendra le nom d' « Œuvre des tombes ». Elle sera administrée par une commission de cinq membres choisis parmi les corps et services de la garnison, à Hanoï.

Elle est chargée de centraliser les cotisations, dons et versements divers, et de décider de l'emploi de ces fonds, soit pour ériger et entretenir les tombes, soit pour prêter son concours à l'exécution des demandes spéciales faites par les donataires ou par les familles des décédés.

CRÉMATION UTILE ET AGRÉABLE !

XV

Embaumés ou incinérés. — Morts enterrés vivants. — Ouvrage
sur la crémation — L'opinion de Roland. — Un arrêté du
Directoire. — Pour 1 franc 80 ! — Discours énergique de
Mercier l'auteur du nouveau Tableau de Paris (1800). —
Projet de crémation. — Opposition de l'évêque d'Angers.
— Le four crématoire. — L'horloger Pel. — La crémation
à Milan. — C'est pour rien. — 1,200 francs de cendres. —
Faites-vous brûler pour 15 francs. — Les sociétés de
crémation. — La crémation en chambre. — Le dernier
druide.

Voulez-vous vous faire embaumer ou incinérer ?

Chacun de ces systèmes a ses partisans, tous
deux sont aussi anciens l'un que l'autre.

Témoin, les momies égyptiennes et les buchers
indiens.

En France le véritable embaumement ne date
guère que du premier empire, son propagateur fut
M. Boudet, chargé d'embaumer les sénateurs !

Délicate attention de Napoléon Ier pour ses
fidèles !

Le bon Roy Saint-Louis, en 1270 n'eut pas cette

15

chance, on fit bouillir ses restes dans de l'eau
salée, Henri Ier roi d'Angleterre fut confié à un
boucher chargé de l'assaisonner tout comme un
filet de porc frais, le boucher le saupoudra de sel
et d'épices de toutes espèces, puis ensuite il l'en-
veloppa dans un tissu de laine avec du serpolet,
du thym et du laurier. Un Roi en matelotte c'est
assez rare, ce fut pourtant ce qui arriva à Philippe
le Hardi, mort à Perpignan, on le fit bouillir dans
du vin, l'histoire ne dit pas si on y ajouta du lard
et des petits oignons !

Différents embaumeurs ont publiés des livres
pour démontrer au public les *bienfaits* de l'embaumement, faites vous embaumer vous ne serez pas
enterrés vivants !

Jolie perspective ; et la plupart à l'appui de leurs
thèses citent des cas d'inhumations précipitées,
dont plusieurs sont vraiment curieux:

« Un jeune prêtre, en 1826, s'affaissa subitement
dans la chaire d'où il faisait entendre sa parole à
un nombreux auditoire. Le médecin déclara que
sa mort était constante et fit donner le permis
d'inhumer pour le lendemain. L'évêque de la cathédrale où l'événement était arrivé, récitait déjà le
De Profundis auprès du lit funèbre et les dimensions du cercueil avaient été prises.

« Le jeune prêtre n'avait que 28 ans; sa santé
avait toujours été florissante. Il entendait tout ce
qui se faisait autour de lui. La voix d'un de ses

amis d'enfance provoqua chez lui un effet surhu-
main qui le fit sortir de sa léthargie. Le lendemain
le jeune prêtre pouvait reparaître dans sa chaire. »

Ce jeune prêtre était celui qui devint un jour son
Eminence le cardinal Donnet.

M. le sénateur de Tourangin rapportait également un exemple pris dans les classes élevées de
la société, c'est-à-dire dans celles qui, selon lui,
professent un grand respect pour les morts :

« Trois médecins avaient été appelés et avaient
fait des expériences multiples pour rendre à la
vie la personne pseudo-morte. Après trente
heures, il fut convenu qu'elle serait mise dans la
bière, les supplications d'une sœur de la défunte
obtinrent quelques heures de répit, cela suffit pour
que la vie reparut. »

M. le vicomte de Barral fut témoin de ces deux
cas :

« Dans le département de l'Indre, une institu-
trice fut enterrée, la fosse étant voisine de la cure,
on entendit des cris épouvantables, la malheureuse fut déterrée, elle expira au moment où la
fosse fut ouverte.

« Dans une localité du département de l'Isère,
on avait déjà mis en terre le cercueil, lorsque le
défunt se réveilla d'une léthargie. »

Dans le caveau de la tour Saint-Michel, à Bordeaux, le corps d'un jeune homme de 14 à 16 ans, présente de telles dispositions qu'il est impossible de douter qu'il n'ait été enterré vivant, son corps présente des contractions qui indiquent des souffrances épouvantables.

Lors de l'assainissement du cimetière des Innonocents, à Paris, en 1786, par des remarques de ce genre on put constater de nombreux cas d'inhumation de personnes vivantes ; ces découvertes causèrent une impression si pénible et un effroi si général, que le docteur Thouret, doyen de la Faculté de médecine, qui présidait à ces travaux, en fut frappé au point d'écrire son testament en prescrivant qu'à sa mort, on prît une infinité de précautions pour lui épargner une si horrible destinée.

C'est qu'en effet, les individus inhumés précipitamment font à leur réveil des efforts inouïs pour se délivrer de leurs entraves. Comme ils expirent au milieu des angoisses du désespoir, toutes les parties de leurs corps se maintiennent dans un état de contraction convulsive, qui permet, même après des siècles, de reconnaitre le genre de mort auquel ils ont succombé.

M. Léon Wafflard écrivit jadis une intéressante brochure sur le champ des sépulture, il cite les exemples suivants :

« En décembre 1866, un homme d'un âge avancé

M. d'Argent, demeurant à Charlévres, près de Châ-
teau-Thierry, était cru mort après une longue léthargie et devait être inhumé le 17 décembre, tous
les parents et amis se trouvaient réunis pour le
conduire à sa dernière demeure, le clergé arrivait
pour la levée du corps, lorsque le pseudo-mort
frappa à son cercueil. On s'empressa de dévisser
la bière, et de sortir de là le brave homme qui vit
encore. »

Quand on frappe généralement on vous répond :
entrez, pour lui ce fut le contraire !

« Dans les premiers jours du mois d'octobre 1866,
mourut à Rome Madame Amalia Barbieri, femme
du comte Benicelli. Après des funérailles solennelles, le corps fut déposé au Campo Santo pour
être transféré à l'église des Pères de la Maddalena
lorsque le tombeau qui avait été commandé serait
prêt, ce qui eut lieu en février 1867.

« On mit alors à découvert le cadavre, les traces
qu'il portait ont malheureusement fait connaître
que cette infortunée avait été clouée dans le cercueil encore vivante. Les mains avaient été mor-
dues de désespoir, le visage était lacéré, les cheveux en désordre et arrachés, le couvercle de la
bière avaient été forcé et les membres étaient con-
tractés par la violence des efforts.

« Cette malheureuse femme, dont la santé était
chancelante, avait été surprise par un mal subit.

Comme elle ne donnait aucun signe de vie, on la
crut morte, et, à cause des bruits de choléra, on
s'était hâté de l'emporter dans la tombe. »

Nous pourrions multiplier à l'infini ces exemples
malheureusement trop fréquents en France et que
notre législation actuelle ne saurait prévenir. Rappelons en passant qu'en Allemagne, grâce à l'ins-
titution des maisons mortuaires, les documents
publics constatent que dix personnes exposées
dans ces établissements ont été rappelées à la vie ;
en France elles eussent été enterrées !

L'ouvrage le plus complet sur la crémation est :
*Guerre aux Morts, ou inhumation et crémation con-
sidérées au point de vue hygiénique, économique, religieux et social*, par le P. Stecanella de *la Civitta
Cattolica*, traduction française par le curé Coupeau.

En examinant les archives de l'ancienne Académie des sciences, belles-lettres et arts de Bordeaux, M. L. Céleste, conservateur adjoint de la
bibliothèque municipale de cette ville a trouvé un
mémoire au corps savant dont il est question et
daté de 1789. Ce manuscrit porte la signature du
malheureux époux de la célèbre Madame Roland.
Le futur ministre de Louis XVI insiste vivement
pour que les Français imitent l'exemple des Grecs
et des Romains livrant aux flammes les cadavres
de leurs semblables. Il va jusqu'à dire que la
graisse et les ossements pourraient être utilisés
d'une façon aussi avantageuse.

Ces idées sont exprimées de la façon la plus sérieuse. On ne saurait douter que Roland ne fut persuadé du mérite de ses idées.

Voici quelle fut, en l'an VII de la République sous les trois consuls, le projet d'arrêté :

« Considérant que, dans les temps anciens, la plupart des peuples ont été dans l'usage de brûler les corps, et que cet usage n'a été aboli ou plutôt n'est tombé en désuétude que par l'influence qu'ont eu les opinions religieuses; qu'il est avantageux sous tous les rapports de le rétablir :

« Ouï le Commissaire du Directoire exécutif, arrête :

« Tout individu décédé qui ne sera pas destiné à une sépulture particulière, conformément à l'arrêté du 28 frimaire dernier sera conduit à la sépulture publique pour y être consumé par le feu.

« Les parents ou ayant cause du décédé qui voudront en recueillir les cendres pourront assister collectivement ou choisir un d'entre eux pour être présent à la consomption du corps.

« Les cendres d'un décédé ne pourront être refusées à celui de ses parents ou amis qui les réclamera. Il en donnera un reçu au concierge du champ de repos.

« Il y aura dans l'enceinte du champ de repos de Montmartre un dépôt d'urnes funéraires, parmi lesquelles il y en aura toujours *au prix d'un franc quatre-vingts centimes !* »

Le 2 frimaire, an VIII, le conseil municipal de la
Seine s'assembla, prit le projet en sérieuse considération, fit graver sur acier des plans que nous
avons sous les yeux, ordonna l'impression du
manuscrit, et sa distribution aux pouvoirs
publics.

Un franc quatre-vingts c'était pour rien !

Mercier, l'auteur du *Nouveau Tableau de Paris*
(1800) reproduit son énergique réquisitoire contre
l'incinération !

« Vouloir brûler ce corps, comme le demande le rapporteur,
est une erreur grossière, un sacrilège contre la nature, car
c'est empêcher le renversement des matières composantes
qui forment la nourriture, la richesse et la parure du globe.
Le feu est un destructeur violent qui change la nature de tout
ce qu'il dissout : il ravirait à la terre ce qu'elle a droit
d'attendre pour la reproduction des végétaux et pour la formation des terres calcaires. Le bûcher, d'ailleurs exigerait des
combustibles, et nos forêts se perdraient en vaine fumée, au
lieu d'alimenter nos foyers et nos forges...

« Non, il ne doit pas être libre à tout individu de s'emparer
du corps de son père, de son fils, de son épouse, de son
amante, de son ami. Bientôt nos maisons seraient tranformées
en cimetières ; l'orgueil ensuite imaginerait des funérailles
qui auraient leur dangereuse singularité...

« La loi effroyable, qui laisserait les cadavres au pouvoir
des individus et de leurs fantaisies condamnerait ces corps
à être profanés même par la tendresse conjugale ou filiale...

« La vraie sensibilité, si distincte de la sensiblerie, s'attache,
non à des objets matériels et hideux, mais à une lettre, à un
souvenir, à une époque et surtout à un acte moral.

« Idolâtrie ! veut-on rétablir des autels ? Que l'on sépare, que l'on distingue, que l'on conserve, que l'on décore les cadavres : demain on leur parlera ! demain on confondra l'intelligence et la matière ! Le triomphe de l'hypocrisie est, à la suite des enterrements, dans l'édifice des mausolées et la dorure des sarcophages. La vraie douleur est muette : les habits de deuil ne font pas le deuil.

« Je ne connais pas de loi plus désastreuse pour la religion et la morale que celle qui abandonnerait les cadavres aux caprices changeants des ensevelisseurs, ou aux manies d'une tendresse plus ou moins aveugle...

« C'est la charité qui a ordonné la première sépulture ; ce serait la vanité, la jactance, le *comédisme* du sentiment, qui ordonneraient les dernières.

« Après avoir confié les sépultures aux idées arbitraires des proches, ceux-ci seraient encore maîtres de placer ou de déplacer les morts à volonté. On verrait, chaque année, de nouvelles scènes d'une folie indécente ou d'une lacrymonie ridicule...

« La religion avait mis les morts sous la sauvegarde sacrée et immuable : que la loi politique l'imite en ce point ; qu'elle garde sous son empire les débris de l'humanité, sans en permettre le dispersement, germe de scandale et de folie...

« Je demande, en mon nom, la radiation de l'article V, conçu en ces termes : « Il est libre à tout individu de 'faire brûler ou inhumer, dans tel endroit qu'il jugera convenable, le corps de ses proches ou des personnes qui lui seront chères en se conformant aux lois de police et de salubrité... »

« Non je ne veux point de ces bûchers infects, je ne veux point de ces cimetières domestiques, de ces armoires, où l'on montrerait son aïeul, l'autre son grand-oncle. Nos cheminées porteraient des embryons en place de magots. L'extravagance humaine enfin s'épuiserait sur des objets faits pour

15.

la renforcer ! Je ne veux point de ces translations de cadavres, et la physique, et la police, et la salubrité publique, et
la morale s'y opposent également. Les sépultures privées sont
un attentat envers la calme et le repos de la société ! »

Cette idée fut reprise de nos jours ; sur la proposition de MM. J. Passy et Blatin le principe de la
crémation fut adopté par la Chambre des Députés,
le conseil municipal de Paris ne pouvait y faire
opposition : flambez cadavre, c'était une réminis-
cence de : flambez finances !

L'évêque d'Angers Mgr Freppel, au cours de la
discussion, fit le tableau suivant du four crématoire :

« Voyez-vous cette chaudière, ce fourneau, ce four crématoire, où sous les yeux de la famille en pleurs, on jette le
corps d'un père, d'une mère, d'un frère, pour le réduire en
cendres et s'en débarrasser vivement, comme on ferait du
cadavre d'un animal contaminé ? Ce sont de pareils spectacles
que vous voulez offrir à nos populations ! Vous n'y pensez
pas ; car où ces scènes de cannibales se passeront devant tout
le monde, alors il ne se peut rien concevoir de plus contraire
à la décence et à l'honnêteté publiques, ou bien elles seront
secrètes, clandestines, et vous ouvrirez la porte à une foule
d'abus. Dans l'un comme dans l'autre cas, vous autorisez une
pratique révoltante pour ceux qui ont conservé le culte des
morts. »

La loi passa néanmoins, et la construction d'un
four crématoire fut décidée.

Ce monument se trouve placé dans la partie

nord du cimetière, 87ᵉ division, entre l'allée de la
Nouvelle-Entrée et le cimetière Musulman. Tout
en pierres blanches, percé de baies de plein cintre
avec, sous une corniche sobre d'architecture, une
ligne courante de denticules, et, derrière, un dôme
écrasé de Mosquée, il a l'aspect sévère qui lui
convient.

Construit en briques réfractaires, l'appareil crématoire affecte la forme d'un sarcophage. A sa
base et au-dessus du foyer se trouve une plaque
de tôle roulant sur galets et qui est destinée à
recevoir le corps à incinérer. Deux doubles portes
de fer et de ciment ferment hermétiquement l'appareil lorsqu'il a reçu son triste chargement, de
telle sorte qu'aucun produit de la combustion ne
peut s'échapper au dehors.

Un double et puissant courant d'air, aménagé
au-dessus du foyer, force les flammes à envelopper
le cadavre, qui est de la sorte rapidement carbo-
nisé puis réduit à une quantité de cendre variant
de cinq à dix kilogrammes suivant qu'il s'agit du
corps d'un petit enfant ou de celui d'un adulte. Ces
cendres peuvent, bien entendu, être recueillies
intégralement à la fin de l'opération, et déposées
dans un récipient ou urne funéraire.

La façade, sera en marbre blanc et noir. L'ensemble donne un peu l'illusion d'une Mosquée.

L'emplacement des trois chambres crématoires
est marqué à l'extérieur, du côté de l'avenue
Aguado, par trois dômes que surmontent l'enta-

blement et au-dessus desquels s'élèvent deux hautes cheminées d'appel, dont on s'est ingénié à dissimuler, autant que possible, l'aspect simplement utilitaire. Une frise très sobre et la disposition en bandes noires et blanches des pierres de revêtement sont les seuls ornements de l'édifice.

Examiné du côté de l'avenue de la nouvelle entrée, c'est-à-dire du côté de la façade, le four crématoire produit un effet assez bizarre en raison des larges baies non closes qui s'ouvrent sur les chambres crématoires.

Lorsque le four crématoire du Père-Lachaise sera complété par l'adjonction d'un vestibule, et par l'aménagement de la grande salle destinée aux familles, et qu'il ne servira plus seulement à incinérer les débris anonymes des hôpitaux, mais aussi les corps des défunts pour lesquels la crémation sera demandée, l'édifice sera dans [les conditions voulues pour que les cérémonies funèbres aient lieu avec toute la solennité désirable. Pendant l'incinération, les assistants réunis dans la grande salle, dont l'intérieur aura à peu près l'aspect d'une chapelle, pourront entendre les paroles des ministres du culte convoqués pour les dernières prières, les adieux adressés aux défunts, ou simplement se recueillir dans leurs souvenirs et leurs regrets.

Il y avait à choisir entre plusieurs systèmes de four. En effet, depuis 1840, — date à laquelle on agita pour la première fois sérieusement la question de l'incinération, — les essais et les recherches des savants ont été considérables.

Au congrès tenu à Dresde, en 1876, on reconnut enfin la supériorité des fours Siemens qui, grâce à leur disposition spéciale et à un système de combustion savamment organisé, consument les corps avec une très grande rapidité. Ce n'est pourtant pas ce procédé qu'a adopté l'administration des travaux de la ville de Paris pour les premiers fours du Père-Lachaise. Pourquoi? La raison en est toute de cérémonial et, pour ainsi dire, de sentiment. On a, en effet, pensé qu'une fois le principe de la crémation reconnu bon et utile, on devait supprimer, dès l'abord, tout ce qui pourrait en éloigner le public et soulever ses répugnances. Or, pour fonctionner, le four Siemens doit être chauffé deux heures à l'avance; de sorte que, lorsque la porte du four s'ouvre pour le passage du cadavre, on aperçoit par l'orifice les flammes du bûcher, et qu'une chaleur suffocante s'en dégage.

On a craint que les familles, jusqu'ici habituées aux inhumations calmes des cimetières, ne soient surprises et choquées, par contraste, de la brutalité de l'incinération ainsi pratiquée. Et l'on s'est arrêté au four Gorini, qui a fonctionné en Italie de 1874 à 1883.

Le four Gorini n'offre pas ces inconvénients. On ne l'allume que lorsque le corps a été déposé dans la cornue; il ne donne qu'une température de six à sept cents degrés et fait durer un peu moins de deux heures l'incinération d'un corps ; il est alimenté par des fagots de bois, la température ne s'élève pas au-dessus de six cents degrés, et la combustion du corps est obtenue sans dégagement d'odeur en une heure et demie.

Si le sympathique Pel avait pu obtenir six cents degrés de chaleur, les journaux qui le posent en victime l'eussent assurément proclamé grand homme. Car avec six cents degrés, Élisa Boehmer n'aurait dégagé aucune odeur révélatrice.

Maintenant, le bijou du projet :

Les cendres des personnes incinérées volontairement au prix unique de quinze francs seront placées dans des urnes cinéraires d'or, d'argent, de cuivre, de zinc, ou de plomb, à la volonté du défunt ou des parents, puis transportées dans une chambre spéciale ou descendues dans les caveaux de la famille.

Par l'application de la crémation, les cimetières resteront dans leur état actuel, car, où les cendres seront placées, on pourra construire des tombeaux et des monuments funéraires comme ceux qui existent actuellement.

Les Milanais, introduisent le cercueil dans une grande salle froide, nue, garnie seulement de chaises, mettent à nu le cadavre, puis, selon qu'il doit être brûlé à l'un ou à l'autre four, le placent sur une sorte de catafalque qu'on dirige, sur rails, vers l'entrée de l'appareil. Un treuil fait alors glisser la sole où le corps est couché et l'amène dans le foyer. Quand l'incinération est achevée, on ramène la sole par le même système, et l'on recueille dans une urne, à l'aide d'une raclette ou d'une pince, les débris de la combustion.

Les familles n'ont pas le droit d'emporter les urnes ; elles doivent rester au cimetière. Si les parents sont fortunés, ils les enferment dans de petits monuments, sinon on les place dans une grande urne municipale qui ressemble, en petit, aux caveaux provisoires de nos nécropoles.

Il y a des fours crématoires et on pratique la crémation en Italie, en Allemagne, en Suède, en Danemark, en Amérique. C'est en Italie surtout que cette idée si juste de brûler les morts est en faveur ; il y a des fours crématoires dans vingt-six villes (dans aucune encore en France!). A Milan, la Société d'incinération compte 1,200 membres : 559 corps ont été incinérés dans cette ville, y compris celui de M. Morin et celui d'une dame qui a été brûlée le lendemain ; la première personne qui ait été brûlée est le chevalier Albert Keller ; il a laissé une somme importante pour embellir le monument crématoire. La Société enterre gratuitement les pauvres et fournit aussi les urnes gratuitement aux indigents. Elle ne demande, pour procéder à l'opération que :

25 francs aux membres actifs de la société ;

50 francs aux membres adhérents ;
100 francs aux étrangers.
Le prix de revient est très faible. Le voici :

    15 francs de bois :
     1 franc de charbon ;
     1 franc pour l'usure de l'appareil ;
     2 fr. 50 pour le personnel.

Total : 19 fr. 50

Ce faible prix de revient permet à la Société de supporter les frais qui incombent aux indigents

Si cela est si bon marché comment expliquer ce fait récent ?

Un Parisien, ayant exprimé au moment de mourir l'intention d'être incinéré à Milan, sa famille fit transporter le corps, ce qui coûta fort cher, — vu l'impossibilité de faire l'expédition par colis postal, — on dit 1,200 francs. Ajoutez-y 300 francs pour l'opération crématoire elle-même. Enfin, la douane italienne fit payer 240 francs de droits d'entrée pour le cadavre et, ce qui dépasse toute imagination, la même somme fut exigée au retour, quand les cendres repassèrent la frontière.

Il est vrai de dire qu'on n'avait pas eu l'idée de demander un Passe-Debout, grâce auquel on aurait eu à régler seulement des droits de circulation.

Il existe en Italie, soixante sociétés de crémation, malgré un récent décret du saint office qui l'interdit.

Dans le monde entier on s'occupe actuellement de crémation : à New-York, on a construit un crématoire sur le mont Ollivet, dans Long-Island; à San-Francisco, à Lancaster, à Buffalo, également. D'autres crématoires sont en construction à Boston, à Genève, à Zurich. En Allemagne, une pétition couverte de 23,000 signatures a été déposée au Reichstag pour obtenir la crémation facultative dans tout l'empire. A l'île Maurice, des crémationnistes déterminés n'ont pas voulu attendre que l'appareil fût achevé pour se faire consumer ; ils ont fait brûler leurs cadavres sur de vulgaires bûchers. L'opération a duré quatre heures.

En janvier dernier, un certain docteur Price — un Anglais, naturellement — du pays de Galles, prit sur lui de démontrer la légalité, contestée jusqu'alors, de la crémation dans son noble pays.

Cet honorable praticien, fort excentrique, se dit et se croit descendant des anciens druides. Il s'efforce, en conséquence de marcher sur leurs traces.

C'est pourquoi, un beau jour, on vit une fumée épaisse s'élever de son jardin. Les voisins, effrayés, accourent. Que voit-on ? Le docteur Price, vêtu d'une robe blanche, en train de consumer dans un baril de pétrole le cadavre de l'enfant illégitime de sa femme de charge !

La police, qui était arrivée, croyant à un incendie, éteignit le feu, retira du baril de pétrole ce qui restait encore du petit cadavre, et empoigna, sans d'autres formalités, l'incinérateur qui fut traduit devant le juge Stephen et... acquitté.

Il avait la loi pour lui. Aussi, pour bien accuser sa victoire, réclama-t-il, *illico* et *mordicus*, les restes de son demi-incinéré qu'il plaça sur un tas de charbon arrosé largement d'un excellent pétrole. Il y mit le feu en chantant à nouveau ses incantations druidiques, et cette fois l'opération réussit à souhait.

Ce cas, absolument authentique, a été, en Angleterre, l'origine d'un mouvement qui paraît s'accentuer de jour en jour. Il est bien évident, en effet, que si la loi anglaise permet une crémation dans les conditions abracadabrantes ci-dessus, elle ne saurait l'empêcher lorsqu'elle se fait décemment. Il est juste d'ajouter que, dans le cas du docteur Price, une enquête avait démontré que l'enfant *crémé*, âgé de cinq mois, n'avait pas succombé à une mort violente.

C'est égal, c'est une bien drôle de crémation que celle du savantissime et druidissime docteur Price, du pays de Galles !

XVI

La Toussaint. — Comment on va au cimetière. — Le commerce
des emblêmes funéraires. — Chaude la galette, chaude. —
Une Kermesse. — La fête des marchands de vins. — Réflexion d'un bon pochard. — Le cimetière laïcisé. — La
statistique des visiteurs.

> . . . . . . Les morts pour qui l'on prie
> Ont sur leur lit de terre une herbe plus fleurie ;
> Ils entendent du ciel le cantique lointain.
> Ceux qu'on oublie, hélas ! leur nuit est plus épaisse ;
> Un ver dans le cercueil les dévore sans cesse,
> Et l'orfraie, à côté, fait l'hymne du festin.
>
> Victor Hugo.

Tous les ans, à la Toussaint, les cimetières de
Paris présentent un spectacle inaccoutumé, des
gardes municipaux en grande tenue, des sergents
de ville aux portes, maintiennent l'ordre et font
circuler la foule.

Dans les rues qui avoisinent les cimetières,
s'achemine silencieusement vers les lieux de
repos, presque toute la population de Paris, elle
va rendre à ses chers morts le pieux hommage de
ses souvenirs.

En ce jour de deuil, un même respect, un même sentiment unit les visiteurs. Malgré cela, tout le monde ne va pas au cimetière de la même façon, le faubourg Saint-Germain a généralement son monument de famille au Père-Lachaise, la toilette joue un grand rôle, la plus grande simplicité est de rigueur : une robe de faille sans garniture ; chapeau noir avec ornements de jais, manteau long de même couleur et une voilette épaisse couvrant le visage. Le plus souvent madame est accompagné de son « directeur ».

Les financiers qui habitent le faubourg Saint-Honoré, ont presque tous leur monument au cimetière Montmartre, dans la partie réservée aux Israélites, le luxe de leur femme est plus voyant ; robe de satin noir, couverte de broderie, guipure relevée de perles de jais, chapeau de velours, gantée gris perle.

Les petits bourgeois, les ouvriers s'habillent comme ils peuvent, suivant leur état de fortune, de ceux-là la visite est sincère, les femmes jardinent, les enfants vont chercher de l'eau à la fontaine pour arroser les fleurs, c'est un va et vient continuel.

Généralement le jour de la Toussaint est une journée brumeuse, chaque année la nature semble ainsi revêtir un décor spécial pour la fête des morts.

Les cimetières sont encombrés de visiteurs.

Quelques-uns peut-être viennent en curieux,

mais ils ne peuvent se soustraire à l'impression
funèbre qui les saisit dès les premiers pas à travers les majestueuses nécropoles modernes,
pleines de souvenirs, offrant à chaque instant le
nom d'un illustre ou d'un ignoré dont la mémoire
survit encore au cœur de quelques fidèles.

Chacun se porte vers les tombes des morts qui
lui sont chers, mais, en outre, il y a les stations
devant les monuments funéraires des penseurs
généreux, des vaillants écrivains, des courageux
tribuns, des citoyens dévoués à la cause publique.

Le décor change suivant l'emplacement du cimetière ; l'avenue d'Italie, qui conduit au *Champ des
Navets*, prend, pendant les deux jours des visites,
un véritable air de fête.

Tout le long de la route les magasins déploient
leurs plus beaux étalages, les marchands de vins
installent des « terrasses » sur les trottoirs, des
poêles s'échappe une odeur de graisse rancie, les
saucisses et les pommes de terre rissolent avec
un frémissement qui dilate les papilles des amateurs, et ils sont nombreux, la galette cuit dans
des fours établis en plein vent, à tous les coins de
rue, la marchande agite une sonnette pour appeler les clients et crie d'un air engageant : chaude
la galette, chaude! les petits marchands grelot-
tent dans leur baraque.

Dès que l'aube a blanchi la nuée, les abords
des cimetières sont envahis par toutes sortes
d'industriels et d'industries, c'est un grouillement

de camelots, de pauvres gens affamés qui récol-
tent quelques sous en ce jour où les bourses se
délient facilement ; les saltimbanques, les chevaux de bois, les balançoires, tirs à la porcelaine
et au pigeon, aux macarons et aux lapins, sont
aussi de la partie.

Partout des marchands de couronnes, d'emblêmes, de fleurs ; il s'en vend pour sept cent mille
francs les 1ᵉʳ et 2 novembre, car ce commerce est
considérable et il suffit à donner le pain quotidien
pendant plusieurs mois à des familles nécessi-
teuses.

N'étaient ces emblêmes funéraires on se croirait
à une kermesse patronale de la banlieue.

Au Père-Lachaise la chapelle est ornée de tentures funéraires, sur lesquelles de nombreux
cierges jettent des lueurs fantasques, des femmes,
des enfants, des hommes, y viennent s'agenouiller
et réciter quelques prières.

La visite terminée la foule se répand dans les
cabarets du voisinage, boulevard Charonne et des
Amandiers.

Les demi-setiers, les vermouths, les absinthes,
se succèdent sur les tables et les comptoirs,
on y boit du vin à faire sauter le gazomètre. C'est
peut-être un moyen, pour les gens qu'effraye
l'idée de la mort, d'effacer et de noyer dans une
lourde ivresse les souvenirs tristes et les sensa-
tions troublantes qui se sont emparés de leurs
cerveaux.

Les enterrements, car la mort ne chôme pas, se croisent avec les visiteurs.

A la dernière Toussaint, deux amis titubant, trébuchant ayant peine à se soutenir, cheminaient en se disputant.

— Voyons, disait l'un, encore une tournée !... Je t'en prie !... Ça ne se refuse pas, non d'un nom !

— Jamais répliquait l'autre, regarde toi. Tu *es bu !*

— Tu ne veux pas ?

— Non, je ne veux pas, faut d'la raison, rentrons chez nous.

— Tu ne veux pas ?... Ah ! tu ne veux pas !... Eh bien, vois-tu parole sacrée, foi d'honnête homme, *c'est la dernière fois que j'enterre ta femme avec toi !*

Il y a peu d'années, au milieu du cimetière du Père-Lachaise une immense croix de pierre dressait ses grands bras chargés de couronnes, cette croix était entourée d'une pelouse circulaire dont l'herbe disparaissait sous les objets de toutes sortes que les visiteurs y apportaient : croix de buis, médaillons de zinc, statuettes de plâtres, etc. etc. ; la foule s'agenouillait autour de cette croix, ceux-là étaient les malheureux qui n'avaient pu donner à leur mort que la fosse commune, la croix a été remplacée par une colonne laïque, sur laquelle on aurait pu graver ces mots : par autorité de justice le souvenir est défendu !

Le nombre des visiteurs dans les cimetières de

Paris, chaque année, varie peu, le 31 octobre il est en moyenne de 172,000 ainsi répartis :

Au Père-Lachaise 48,845; au cimetière Montmartre 12,500; à Montparnasse 16,280, à Saint-Ouen 32,000; à Ivry, 34,600.

Le 1er novembre 300,000 visiteurs.

Père-Lachaise 103,500; Saint-Ouen 79,000: Montmartre 22,500; Clichy-Batignolles 18,000; la Chapelle 8,500; Belleville 8,150; la Villette 2,500; Passy 2,000; Auteuil 1,300; Saint-Pierre-de-Montmartre 700; Saint-Vincent 300; Charonne, 250; Ivry 83,500: Montparnasse 35,000; Bercy 1,500; Vaugirard 1,150, et enfin Grenelle 900.

On voit par ces chiffres que le culte des morts est loin de s'affaiblir et que la crémation est encore lointaine.

REQUIESCAT IN PACE

TABLE DES MATIÈRES

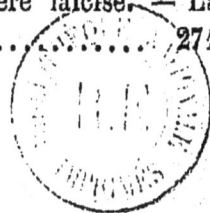

5151. — ABBEVILLE, TYP. ET STÉR. A. RETAUX. — 1889.

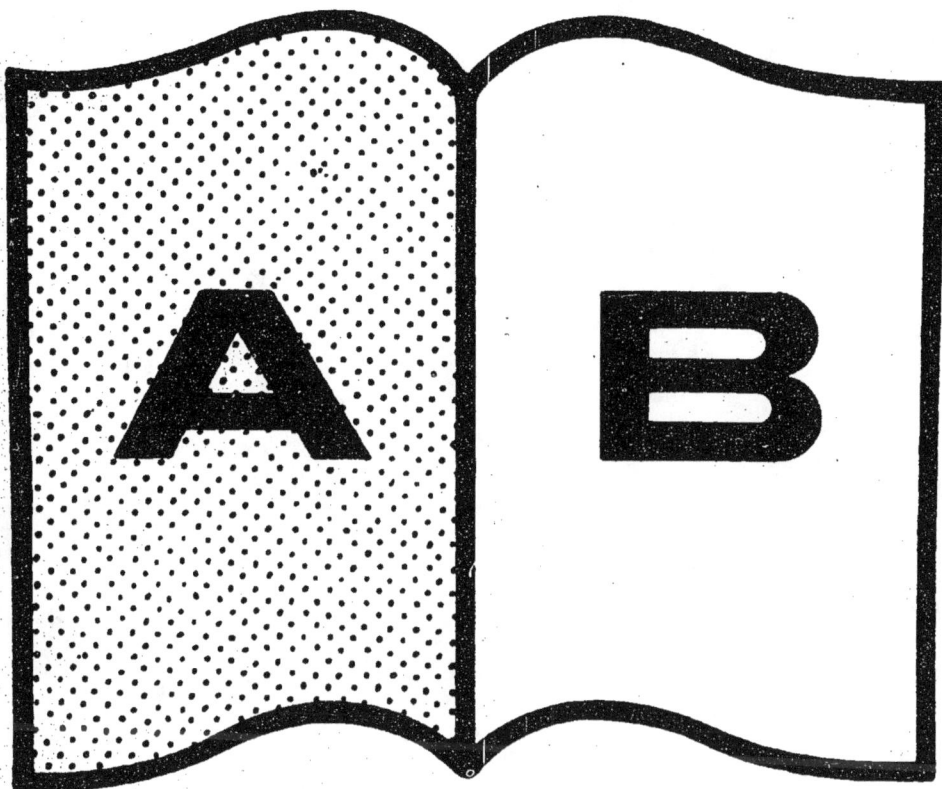

Contraste insuffisant

NF Z 43-120-14

www.ingramcontent.com/pod-product-compliance
Lightning Source LLC
Chambersburg PA
CBHW070758270326
41927CB00010B/2192